梦韵天青

——宝丰清凉寺汝窑最新出土瓷器集粹

河南省文物考古研究院
宝丰汝窑博物馆
编著

中原出版传媒集团
大地传媒

大象出版社
·郑州·

图书在版编目（CIP）数据

梦韵天青：宝丰清凉寺汝窑最新出土瓷器集粹 / 河南省文物考古研究院，宝丰汝窑博物馆编著．— 郑州：大象出版社，2017.9

ISBN 978-7-5347-9522-0

Ⅰ.①梦… Ⅱ.①河… ②宝… Ⅲ.①汝窑—瓷器(考古)—中国 Ⅳ.①K876.3

中国版本图书馆 CIP 数据核字 (2017) 第 237472 号

MENGYUN TIANQING

梦韵天青

——宝丰清凉寺汝窑最新出土瓷器集粹

河南省文物考古研究院、宝丰汝窑博物馆 编著

出 版 人 王刘纯
策划编辑 杨卫国
责任编辑 郑强胜
美术编辑 付锬锬
责任校对 张迎娟

出版发行 大象出版社（郑州市开元路16号 邮政编码：450044）
发行科 0371-63863552 总编室 0371-63863572
网 址 www.daxiang.cn
经 销 各地新华书店
印 刷 郑州新海岸电脑彩色制印有限公司
版 次 2017年9月第1版 2017年9月第1次印刷
开 本 889mm×1194mm 1/16
印 张 18.5
字 数 79千字
定 价 458.00元

印厂地址 郑州市英才街 6 号
邮政编码 450002 电话 0371-67358093

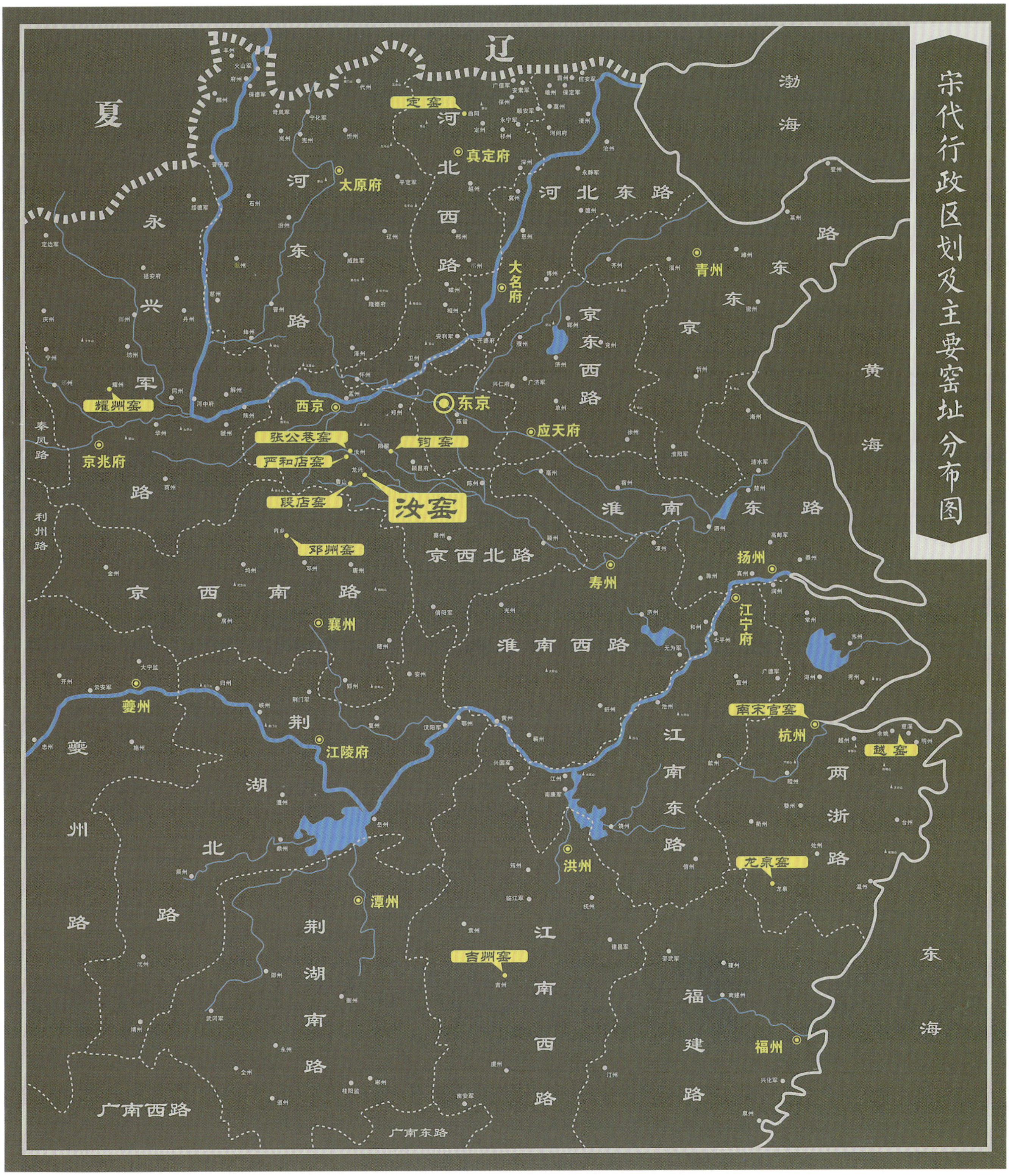

宋代行政区划及主要窑址分布图

汝窑遗址展示馆鸟瞰图

汝窑遗址展示馆大厅（北向南）

序

汝窑名列宋代“五大名窑”之首，声名远播海内外，在中国陶瓷史上占有重要的地位。

汝窑在北宋晚期为皇宫烧造贡瓷，天青釉色纯正，满釉裹足支烧，造型典雅，釉质莹润，其清素淡雅的艺术风格，历来为世人所称道。宋室南迁，汝窑停烧，汝窑遗址从此湮没于地下，成为中国陶瓷史上的一大悬案。

汝窑因位于北宋时期的汝州而得名，1987年在我国文博和陶瓷工作者的多方努力下，终于在宝丰县清凉寺村找到了烧制汝窑瓷器的窑址。自1987年至2016年，河南省文物考古研究所（2013年更名为河南省文物考古研究院）对汝窑遗址进行了多达14次的考古发掘，2000年发现了汝窑中心烧造区，近年又出土了一批仿青铜素烧器和“类汝瓷”瓷器，发掘窑炉、作坊等制瓷遗迹多处，为全面认识汝窑提供了重要的实物资料。同时，在国家、省、市、县各级政府的高度重视和文物部门的共同努力下，宝丰清凉寺汝窑遗址得到了有效的保护和利用，汝窑遗址展示馆于2017年元月建成开放，汝窑遗址博物馆也将于2017年10月开馆迎宾。

1987年10月—12月，河南省文物考古研究所赵青云任领队，首次对宝丰清凉寺瓷窑址进行了考古钻探与试掘，在清凉寺村南200平方米的试掘范围内，出土了一批瓷器和窑具，其中典型御用汝瓷10余件，遂将宝丰清凉寺瓷窑址确定为汝窑遗址。

1988年秋和1989年春，由河南省文物考古研究所安金槐任领队，又连续对清凉寺窑址进行了第二、第三次发掘。发掘面积达1150平方米，发现制瓷作坊和房基5座、水井4眼和澄泥池1处，出土各类完整或可复原的瓷器和窑具2100余件，但出土遗物多为民用瓷器。

1998年春，河南省文物考古研究所在时隔9年后，由孙新民任领队再次对清凉寺窑址开展考古发掘工作。这次发掘面积500平方米。清理出作坊3座和灰坑等遗迹，发掘民用青瓷窑炉4座，发现少量御用汝瓷碗、器盖等。同年12月，在清凉寺村一农家院内采集到汝窑瓷片100余片，为寻找汝窑烧造区提供了线索。

1999年，河南省文物考古研究所在清凉寺村内再次进行勘探和试掘，确认了汝窑烧造区的面积约4800平方米。

2000年6月—10月的第六次发掘中，发掘面积500平方米，清理出烧制御用汝瓷的窑炉15座，以及作坊、澄泥池、釉料坑等多处重要遗迹，并出土了大量的汝窑瓷器，尤其是有些器类为传世品所未见，终于找到了汝窑的中心烧造区。

2000年10月18日，“汝窑考古新发现专家研讨会”在宝丰县召开，时任中国考古学会理事长徐苹芳，中国古陶瓷研究会会长叶文程及副会长安金槐、朱伯谦，著名古陶瓷专家耿宝昌、宋伯胤、王莉英、赵青云等与会。与会专家一致认为：中外陶瓷界苦苦寻觅半个世纪之久的汝窑中心烧造区已经找到，这是中国陶瓷考古的又一重大突破。宝丰清凉寺汝窑发掘项目继1990年被评为“七五”期间“全国十大考古新发现”后，又获评“2000年度全国十大考古新发现”。

此后，2001年和2002年又在汝窑烧造区连续进行了两次发掘，发掘面积300平方米，清理出椭圆形窑炉5座、灰坑24个等遗迹。

2011年至2016年，河南省文物考古研究院配合汝窑遗址展示馆建设工程，又先后在汝窑中心烧造区进行了六次考古发掘。发掘面积共计3400余平方米，清理出宋代至明代窑炉12座，作坊及建筑基址8处，出土大量素烧器和一批天青釉瓷器，可复原各类陶瓷器近千件。其中素烧器残片多达120余万件，包括仿青铜出戟瓶、瓜棱瓶、板沿洗、长方形盘、荷叶形盖等新造型。天青釉瓷器釉色与汝窑瓷器类似，但釉面更光亮，玻璃质感强，玉质感不如汝瓷，胎质细腻坚实，胎色多为灰白，少有香灰色胎。为与汝瓷区别，发掘者称之为“类汝瓷”。这批遗物的年代可能是在汝窑停烧以后，时代约在宋金之间。“类汝窑”的发现大大丰富了汝窑的文化内涵。

回顾汝窑考古发现30年来的历程，我们有过彷徨，甚至也考虑过放弃，但带给我们更多的是发现的快乐和收获后的喜悦。1988年和1989年，我们曾围绕1987年首次试掘区域相继发掘了10余个探方，但就是没有找到比较完整的汝窑瓷器，甚至连汝窑瓷片也寥寥无几。1998年重启汝窑第四次发掘时，我们曾扩大寻找范围，在清凉寺村以南至韩庄村南的整个窑址区域进行了考古钻探和撒网式发掘，仍然没有发现汝窑瓷片的踪迹。2000年在清凉寺村内大致确定了汝窑遗址范围，在当地政府支持下决定拆迁四户村民房屋时，我们还是有些忐忑不安，担心房屋下没有丰富遗存而对不起村民。就目前已经掌握的资料看，拆迁地点正是汝窑烧造的中心区域，集中分布的窑炉、作坊和埋藏丰富的汝窑瓷片，终于给了我们一个丰厚的回报。

2000年发现汝窑中心烧造区后，我作为考古领队和同事郭木森、赵文军兴奋不已，并当即决定将堆积最厚、保存最好的2平方米汝窑瓷片区予以现场保留，等待建成遗址展示馆后供世人参观。现在看来，尽管这个决定使附近出土的一部分汝窑瓷器可能无法复原，但可以让世人目睹汝窑瓷片堆积状况，使公众能够走近汝窑，触摸历史，感受博大精深的中国陶瓷文化，作为汝窑发掘的亲历者，我们还是备感欣慰的。

上述10余次考古发掘，我们曾于2008年出版了《宝丰清凉寺汝窑》一书，报道了1999年至2002年发掘汝窑烧造区的考古成果；1987年、1988年和1989年三次发掘分别发表了考古简报，2001年以来的发掘只是简单作了报道。因此，我们正在整理1987—1998年前四次考古发掘资料，争取早日出版宝丰清凉寺窑址民窑区考古报告。同时，还需对近年新发现的大量素烧器和“类汝瓷”器物进行整理，严谨缜密地解读发掘资料，确定其年代、性质及与汝窑瓷器的关系等问题。

回顾近30年来汝窑的研究成果，除《宝丰清凉寺汝窑考古报告》外，主要集中在《汝窑的发现》（1987年）、《汝窑的新发现》（1991年）、《宋代官窑瓷器》（1992年）、《汝窑聚珍》（2002年）、《大观——北宋汝窑特展》（2006年）、《汝窑与张公巷窑出土瓷器》（2009年）、《汝瓷雅集——故宫博物院珍藏及出土汝窑瓷器荟萃》（2015年）等一批图书。有关方面分别在2001年和2015年召开过两次汝窑专题学术研讨会，集中研讨汝窑的考古发现及相关学术问题。

2001年10月在河南汝州市召开中国古陶瓷研究会汝州年会暨汝瓷学术研讨会，会议论文集中发表于《中国古陶瓷研究》第七辑上。由于汝窑中心烧造区刚发现不久，当时讨论议题主要为汝窑新发现的初步认识、馆藏汝窑瓷器的介绍、汝窑窑场的性质、汝窑有关史料的解读等。

为庆祝故宫博物院九十华诞，由故宫博物院主办，英国大英博物馆、河南省文物考古研究院、宝丰县文物管理局、上海博物馆、天津博物馆、吉林博物院协办的“清淡含蓄——故宫博物院汝窑瓷器展暨汝窑学术研讨会”于2015年11月在北京举行。与会学者分别就传世汝窑瓷器及其数量、汝窑遗址的发现及考古发掘、汝窑的性质及贡御时间、汝窑瓷器的用途及定名、汝窑与其他窑口的关系等问题进行了研讨，较之2001年汝州年会对上述问题的探讨有所深入，在一些议题上形成共识。与会学者对于近年新发现的仿青铜素烧器尤为关注，分别探讨了其性质、用途及定名等问题，是否作为朝廷礼仪用器而烧造等问题还需进一步研究。

2017年10月是宝丰清凉寺汝窑遗址考古发现30周年，汝窑遗址展示馆将落成对外开放，河南省文物考古研究院也将与宝丰县、鲁山县人民政府联合承办中国古陶瓷学会2017年年会暨汝窑、鲁山窑学术研讨会，国内外专家学者再次聚首探讨汝窑及相关学术问题。为全面反映汝窑遗址考古发掘成果，河南省文物考古研究院在大部分田野资料没有发表的情况下，提供了自1987年以来考古出土的陶瓷器、素烧器、模具、窑具、制瓷工具及玛瑙石块等数百件相关遗物，其中包括近几年考古新发现的大批文物，保证了汝窑遗址展示馆的陈展需要。由于2012年以来发掘资料整理出版尚待时日，为迎接2017年学术盛会的召开，让社会公众和专家学者及时了解汝窑研究的最新成果，河南省文物考古研究院决定出版这本图录。

由于我是2011年至2015年汝窑遗址考古领队，具体负责田野发掘的赵宏嘱我作序，我觉得义不容辞，就简单回顾了汝窑发掘与研究过程，谨供各位学者同人参考。

孙新民

2017年7月

前　言

宝丰清凉寺瓷窑址的考古发掘工作从1987年始至2017年已经进行了近三十个年头，从调查试掘基本确认（指1987年、1988年、1998年、1999年民窑区发掘），到发现汝瓷中心烧造区即史料记载的汝窑（2000年、2001年、2002年），确认传世汝瓷的烧造地就在今河南省宝丰县大营镇清凉寺村，破解了千年汝窑之谜，河南省文物考古研究所的陶瓷考古工作者完成了一项重大发现工作，为后期的汝窑遗址公园建设包括汝窑博物馆及遗址展示馆建设提供了资料基础，意义重大。

清凉寺瓷窑遗址是北宋时期汝州范围内众多烧造瓷器的重要窑场之一，始烧于北宋早期，断烧于明代，窑火延续500余年，面积约100万平方米。烧造品种较多，主要有青釉、白釉、黑釉、褐釉、黄釉、白地黑花、珍珠地、三彩等十几种，尤以青釉瓷最好。北宋晚期烧造的天青釉瓷器（汝瓷）达到了青釉瓷烧造的顶峰并成为官用瓷器，南宋顾文荐《负暄杂录》这样描述清凉寺窑青瓷："本朝以定州白瓷器有芒，不堪用，随命汝州造青窑器。故河北、唐、邓、耀州悉有之，汝窑为魁。"这也彻底扭转了隋唐时期"南青北白"的局面，影响了当时的青瓷生产。

清凉寺瓷窑址范围较大，包括清凉寺村、韩庄村和白石坡三个自然村，面积约100万平方米。其烧造天青釉汝瓷的窑场只在清凉寺村中北部，面积约5000平方米（考古划分的4区即汝窑区）。清凉寺窑址周围方圆100千米之内，有几十个重要窑场，其中鲁山段店窑，郏县黄道窑，汝州张公巷窑、严河店窑，临汝窑，禹州钧台窑、神垕窑，登封窑，密县（新密）窑，洛阳新安窑等和汝窑有着千丝万缕的联系。

清凉寺瓷窑址之所以成为当时著名的窑场，甚至由民窑到贡窑再到官窑，除有一批技术精湛的窑工外，主要还是这里有得天独厚的烧造条件。清凉寺地处浅丘陵地带，到处都是瓷土、釉料矿石、煤炭和植被，汝河支流响浪河穿过遗址中心，"宛洛古道"就在遗址旁边，遗址的东边不足1500米就是玛瑙石矿。

为配合汝窑遗址展示馆建设和遗址展示的需要，2011—2016年，经国家文物局批准，河南省文物考古研究院对汝窑进行了六次考古发掘，取得新的发现和重要收获。新发现主要包括：大型玛瑙石的出土，素烧器堆积和大量素烧器的出土，素烧窑炉的发现及“类汝瓷”的出土，元明窑炉及器物的出土，生活用房的揭露和汝窑精美瓷、陶器的出土，一批与中心烧造区椭圆形窑炉相近又有所区别的窑炉和对应青釉瓷的出土等。这为汝窑、北宋官窑、张公巷窑、南宋官窑和越窑等窑口的深入研究提供了实物资料，对汝窑遗址展示馆的建设和遗址展示具有重要意义。

汝窑2011—2016年的发掘，不但发现很多重要遗迹，还新出土了大量精美的遗物，主要有汝釉瓷，素烧器，“类汝瓷”，青釉印、剔、划、刻花瓷器，黑釉、白釉、酱釉瓷器，三彩器等，这批器物釉色漂亮、器型规整大气、胎质细腻、工艺精湛，有的还有墨书。各级领导和专家建议，尽早整理、修复、展出、出版该批材料，以供广大研究者、爱好者、民众欣赏研究，以便发挥更大的社会效益。在各级领导和专家的大力支持和指导下，经过多方努力，终于出版了该图录。由于资料多、时间紧，书中难免存在各种问题，不妥之处，敬请各位专家不吝赐教。

编者

2017年6月10日

目　录

第一部分　汝釉瓷及“类汝瓷”　1

第二部分　素烧器　59

第三部分　青釉瓷　107

第四部分　其他瓷器、陶器　161

第五部分　最新发现的作坊具、窑具　229

第六部分　专论　251

清凉寺汝窑2011—2016年考古新发现／赵宏　253

清凉寺汝窑考古新发现及初步认识／郭木森　275

后　记　281

第一部分

汝釉瓷及『类汝瓷』

汝釉瓷

主要指烧造出的天青釉瓷，也包括天蓝、粉青、蛋青、月白等釉色，釉质温润，胎质疏松，胎色淡灰。多数模制，手感轻飘。器形有盘、盆、盆托、器盖、盏托、碗、瓶、龙形熏炉盖片、簪子等；器物皆满釉支烧或垫烧，多数开片。除前期发现的所谓冰裂纹、蝉羽纹、蟹爪纹等外，新发现了网格纹（浙江龙泉等地称哈密瓜纹）；有小如针尖的支钉痕、芝麻状支钉痕，也有大如黄豆状支钉痕。

『**类汝瓷**』

器形、釉色类似汝瓷，但烧造时间略晚于汝瓷，器形大，釉玻璃质感强，润感不及汝瓷，胎质细腻坚实，手感重。新发现的器形主要有盘、碗、瓶等，多数开片，纹饰和汝釉瓷差不多，烧造工艺依然是满釉支烧或垫烧，支钉痕较大。

[北宋晚期]　汝釉盏托

高6.6厘米、托径5.5厘米、盘径17.8厘米、圈足径11.5厘米

标本基G4③：29

宽平沿，外凸棱一周，盘中心凸起一圆形托腹，托腹面上凸起一圈足状托沿，整体像一小碗覆盖。高圈足，外撇，呈喇叭状。通体施天青釉，足部刮釉，釉面多白色腐蚀物，无开片。胎色灰白。垫烧。

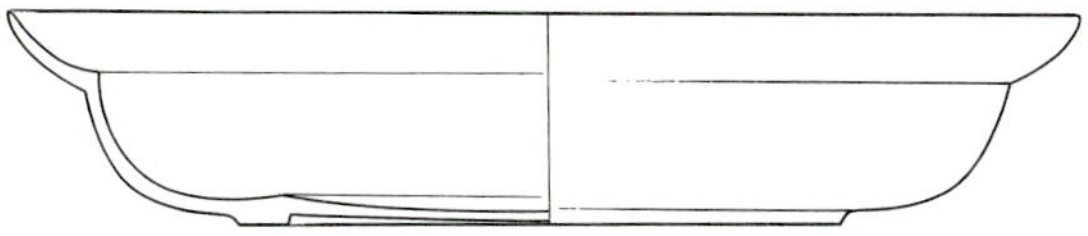

[北宋晚期]　汝釉盆

高6.2厘米、口径35.3厘米、足径20.1厘米

标本东门厅F7废弃层：12

器型较大。宽弧沿，外沿上翘且折，鼓腹，矮圈足。天青釉，釉面有少量开片。圈足内残存4个支钉痕，痕大如豆。器内同心圆下凹。支烧。

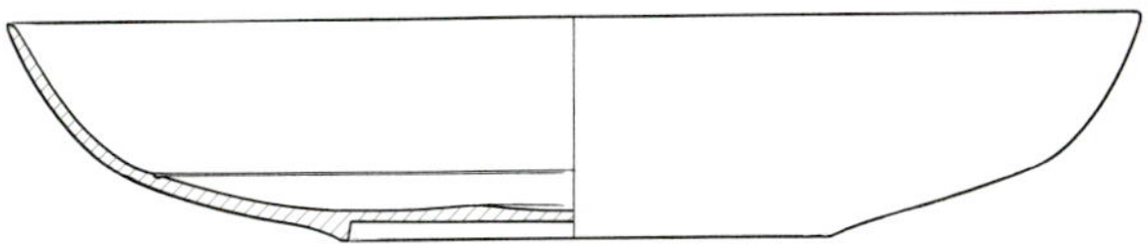

[北宋晚期] 汝釉盆

口径35.6厘米、底径14.8厘米、高7.1厘米

标本东门厅F7废弃层：32

器型较大。敞口，弧腹，隐圈足内凹。天青釉，釉色纯正，部分区域有小开片。满釉，着地面一周无釉。胎色灰白。垫烧。是同类型素烧器的成品器。

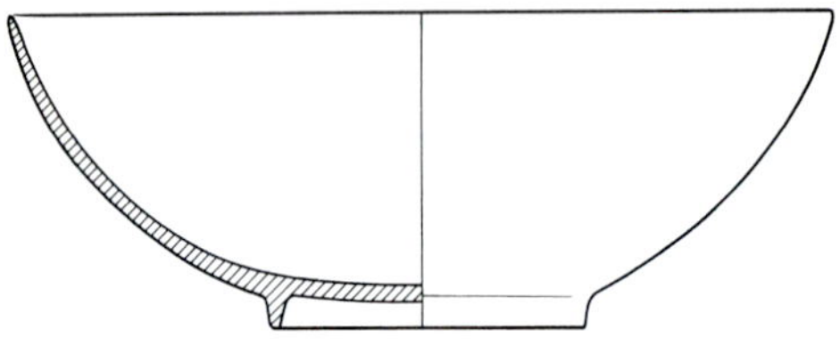

[北宋晚期]　汝釉碗

高6.1厘米、口径15.7厘米、足径5.7厘米

标本T85④：1

敞口，斜弧腹，圈足。口沿微内敛，足底露胎。青绿釉，釉色纯正，薄胎薄釉，部分地方腐蚀，布满开片。胎质疏松，香灰胎。垫烧。

[北宋晚期]　汝釉敞口碗

口径15.4厘米、底径5.8厘米、高6厘米

标本宝清ⅣT85⑤：5

敞口浅腹，直口，弧腹，器内小平底，小直圈足，足底平。满釉，天青色，器表布满开片，开片呈蟹爪纹，有很少缩釉点，玉质感极强。香灰胎，胎质疏松。器型规整大气，足部切足明显。垫烧。

[北宋晚期]　汝釉碗

高6.1厘米、口径15.3厘米、足径5.7厘米

标本东门厅F7废弃层：8

敞口，斜弧腹，圈足。口沿微内敛，足底露胎。天青釉，釉色纯正，薄胎薄釉，部分有腐蚀，器表布满开片。胎质疏松，香灰胎。垫烧。

[北宋晚期]　汝釉莲口碗

高10.2厘米

标本基G4H9：1

花式口，瓜棱腹，腹壁直下弧收，高圈足，足底刮釉。釉色青绿，器表布满细小开片。胎色灰。垫烧。

[北宋晚期]　汝釉盏

口径10厘米、足径4.7厘米、高5厘米

标本东门厅F7废弃层：7

口微敛，弧腹，直足，足底刮釉。淡天青釉，腹部有缩釉现象，釉层稍厚。器身内外有细小开片。胎色灰白。垫烧。

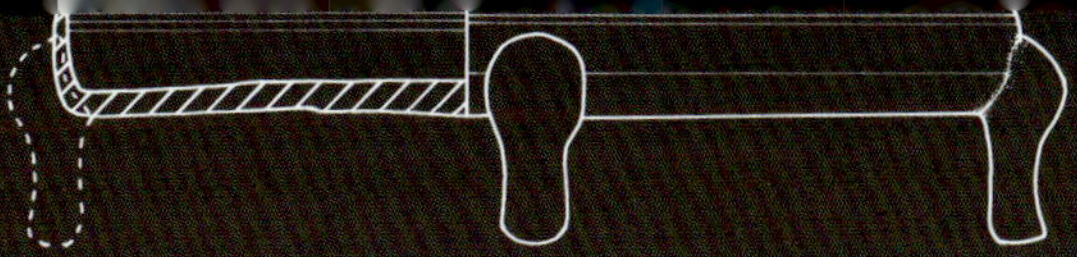

[北宋晚期]　汝釉三足洗

口径13.7厘米、底径13.2厘米、高3.4厘米

标本基G4③：27

器型较小，腹壁微弧，三蹄形，足较矮，外地面中部凸起作圆饼状，底部周边等分5个支钉痕，如芝麻粒大小。腹壁上下分别有两道暗弦纹。天青釉，器身有黄灰色腐蚀物、少量开片。

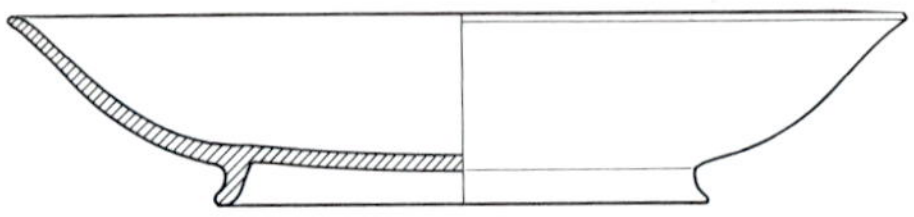

[北宋晚期]　汝釉撇足盘

高3.4厘米、口径16.4厘米、足径9厘米

标本T85④

敞口，斜弧腹，圈足外撇。天青釉，胎色灰白。足底残留1个支钉痕。支烧。

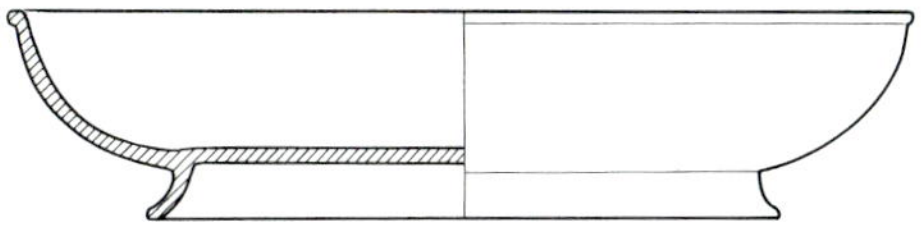

[北宋晚期]　汝釉唇口洗

口径15.3厘米、底径10.4厘米、高3.6厘米

标本T85④：2

器型较小。小唇口，弧腹，高圈足外撇。因烧制温度过高和土蚀严重，釉呈青灰色，釉面无光泽。胎质疏松，色灰白。支烧。

[北宋晚期]　汝釉碟

高1.6厘米、口径9.4厘米、足径7.3厘米

标本F7：10

器型较小。敞口，浅弧腹。器内底平，器底部隐圈足环状。青灰釉，釉面有棕眼，开片较少。烧制温度稍高。垫烧。

[北宋晚期] 汝釉洗

高3.2厘米、口径12.1厘米、足径8.8厘米

标本东门厅F7废弃层：11

敞口，浅腹，腹上直下弧，圈足。满釉支烧，釉色青中泛灰，器表局部小开片。足较大，外撇。足底残留两个支钉痕，有白色腐蚀物。胎灰白。支烧。

[北宋晚期]　汝釉洗

高3.3厘米、口径12.5厘米、足径8.5厘米

标本T57④：1

直口，斜弧腹，下微折，大圈足外撇，器内平，青绿釉，满釉，底部残留2个支钉痕，形如芝麻状，冰裂纹开片。胎质松，色灰白。支烧。

[北宋末·金初]　汝釉莲瓣纹盘

高4.9厘米、口径17.9厘米、足径11.3厘米

标本T16H155：3

敞口，斜弧腹，高圈足外撇。器内稍平，腹部两层莲瓣纹一周。天青釉，有腐蚀，器身有开片。圈足较大，足底残留2个支钉痕。模制。支烧。

[北宋晚期]　汝釉盏托

高2.2厘米、口径17.9厘米、足径15厘米

标本TG1⑥：9

直口，斜弧腹，平底。口部略内敛，腹微弧。天青釉，釉面无开片。胎质疏松，色灰白。模制。满釉支烧。

[北宋晚期]　汝釉碟

高1.9厘米、口径12.4厘米、足径10厘米

标本东门厅F7废弃层：6

口沿稍敛，浅腹微弧，平底。底部有3个较小芝麻状支钉痕。青灰釉，釉层薄，腐蚀较重。胎灰色。满釉支烧。

[北宋晚期]　汝釉洗

高2.9厘米、口径14.2厘米、足径10.1厘米

标本12,2016T57④：②

小唇口，弧腹，大圈足外撇。满釉，釉色青绿。器身布满开片。胎质疏松，色灰白。足部有3个芝麻状支钉痕。支烧。

[北宋晚期] 汝釉碟

高2.0厘米、口径13厘米、足径10.3厘米

标本T56：1

直口，弧腹，平底。口部稍内敛，平底内凹，底部残留3个支钉痕。釉色青灰（月白），胎色灰，胎质疏松。模制。支烧。

[北宋晚期] 汝釉碟

高1.6厘米、口径9.2厘米、足径7.5厘米

标本T6Y30：1

器型较小。敞口，浅腹，平底。口沿微敛，弧腹。平底部有3个较小支钉痕。由于烧制温度低，釉呈月白色，脱釉严重。胎质疏松，色灰白。满釉。支烧。

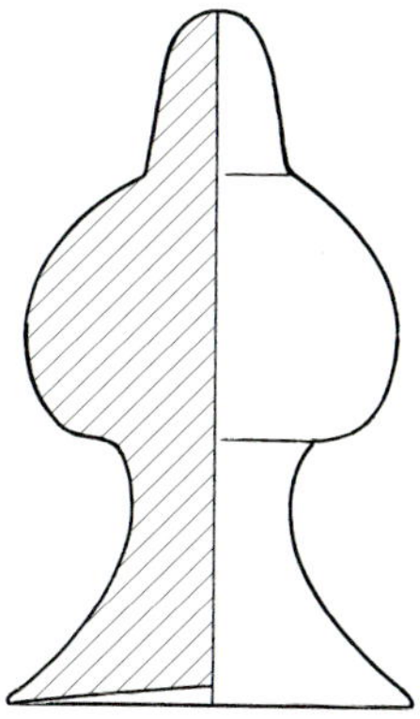

[北宋晚期]　汝釉器盖

高7.0厘米、底直径3.1厘米

标本2016T16④：1

尖头，乳品状，中部环状，底部喇叭状。无釉。釉色灰白，无开片。

[北宋晚期] 汝釉器盖

高2.7厘米、子口径6.8厘米、外径9.1厘米

标本东门厅F7废弃层：3

盖沿平，盖面隆起，盖顶中间有一圆形捉手。子口，口底刮釉。天青釉，釉面有土白沁，器身布满细小开片。胎质较松，色灰白。垫烧。

[北宋晚期] 汝釉器盖

高3.2厘米、盖沿径9.1厘米、子口径7.5厘米

标本G4东部③：4

盖面隆起，盖顶中部有一圆形捉手，捉手顶部稍尖。青绿釉，釉面布满大开片，有玉质感，釉面有弱玻璃光。子口露胎，施护胎釉，胎色灰。垫烧。

[北宋晚期]　汝釉器盖

高3.2厘米、盖沿径9厘米、子口径6.6厘米

标本基G4东部③：9

盖面隆起，盖顶中部有一圆形捉手，捉手顶部稍尖。淡天青釉，釉面布满蟹爪纹开片。子口露胎，上施护胎釉，胎色灰白。垫烧。

[北宋晚期]　汝釉龙形盖

高9厘米、长14.2厘米、宽7.3厘米

标本基G3中③：13

盖面莲蓬状，瓜棱腹，上龙腿部分显五爪。釉色青绿，无开片。垫烧。

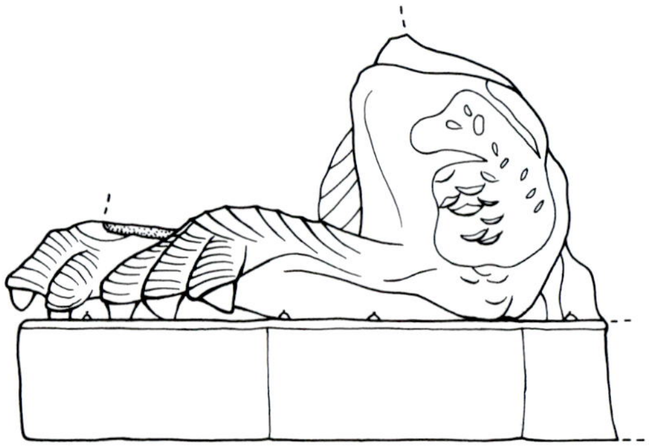

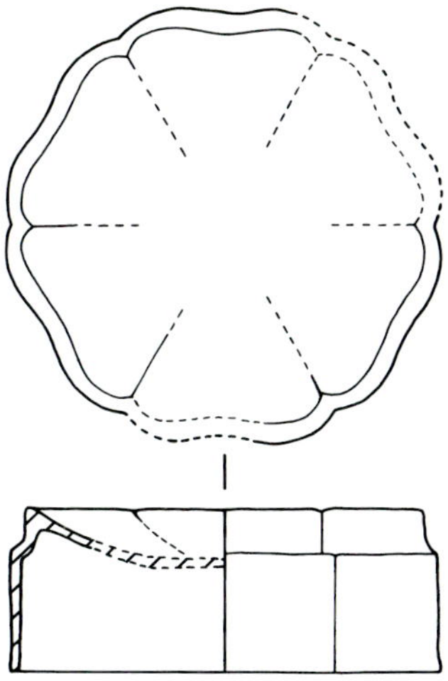

[北宋晚期]　汝釉花口套盒

高7.5厘米、长19.6厘米、宽10.3厘米

标本基G4东部③：30

套盒1个，六瓣花式口，直沿，口沿刮釉，瓜棱腹，底部内凹，分六份。釉色天青，有少量开片，胎质疏松，色灰。垫烧。

[北宋晚期]　汝釉长方倭角方盘残片

残长4.5厘米、宽2.8厘米、高1.5厘米

标本东门厅G：②

宽沿，折沿，弧腹。口沿方口处是明显的折式。天青釉，器身布满大开片。胎质疏松，色灰。为素烧长方倭角方盘的成品器。

[北宋晚期]　汝釉炉残片

残高4.5厘米

标本现代坑东门厅北部

炉中部有兽头和太阳花乳钉纹。釉色青绿，胎质疏松，色灰白。

[北宋末·金初]　汝釉炉残片

残长8.8厘米

标本东门厅H133：3

兽形足，釉色青灰。

[北宋末·金初]　青釉小碗

高4.2厘米、口径10.7厘米、足径3.5厘米

标本T16H155：12

器型较小，敞口，上斜下鼓腹，低圈足，刮釉。釉色青绿，釉面有条纹开片。质轻，胎薄釉薄，器型整体小巧。满釉。垫烧。

[北宋末·金初]　青釉小盏

高4.9厘米、口径8厘米、足径4.8厘米

标本T56：③

器型较小，敛口，鼓腹，圈足。青绿釉，足部有积釉现象，釉面有少量棕眼和较大开片。胎质致密，色灰白。直足，足底刮釉。垫烧。

[北宋晚期]　汝釉盒托残片

残长19厘米、残高8.3厘米、最厚处3厘米

标本东门厅H139

器型较大。天青釉，胎体厚重，胎灰。形似盏托。

[北宋末·金初] 汝釉盘残片

长12.2厘米、高8.4厘米

标本T85④：37

残。直口，斜弧腹。釉色天青泛蓝，釉层较厚，釉质莹润。胎体较厚，胎色灰。模制。

[北宋晚期]　汝釉冰裂纹平底盘残片

高2.2厘米、长7.2厘米、宽3.2厘米

标本基G3北H1：2

敞口，斜腹，平底。天青釉，器内开冰裂纹，底足残留1个支钉痕。胎色灰白。支烧。

[北宋晚期]　汝釉熏炉透雕残片

标本T16⑥：3

雕成枝叶状。天青釉，釉薄露胎，胎色灰白。为熏炉器盖部分。

【北宋晚期】汝釉发簪

残长9.3厘米、最薄处0.3厘米

标本东门厅F7采集

残，条状，尾部呈叉形，头部残。釉色青绿，器面开片。胎色灰。

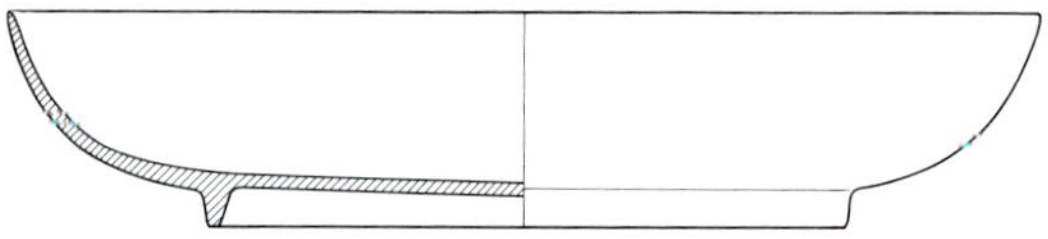

[北宋末·金初]　类汝盘

口径22.7厘米、底径14.1厘米、高4.8厘米

标本宝清ⅣT85④：32

为这次发掘中保存较好的一件。鼓腹，大圈足外裹。在足面上残存4个支钉痕。天青釉，器内外有细长开片。支烧。

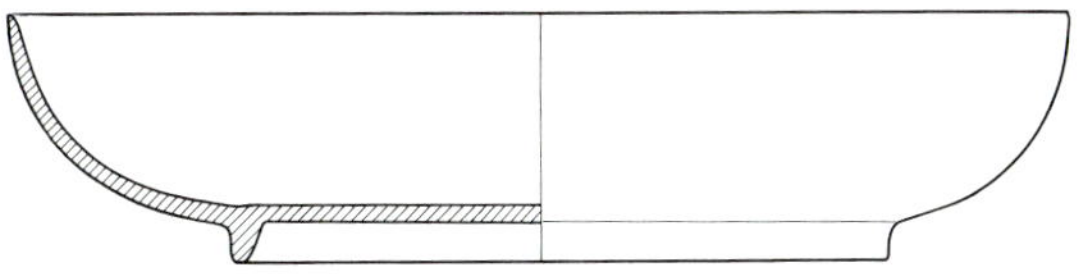

[北宋末·金初]　类汝盘

口径19.4厘米、底径12厘米、高4.6厘米

标本ⅣT85④：33

器型较小，鼓腹，矮直足外裹，残存1个支钉痕。青绿釉，器内外有细密开片。支烧。

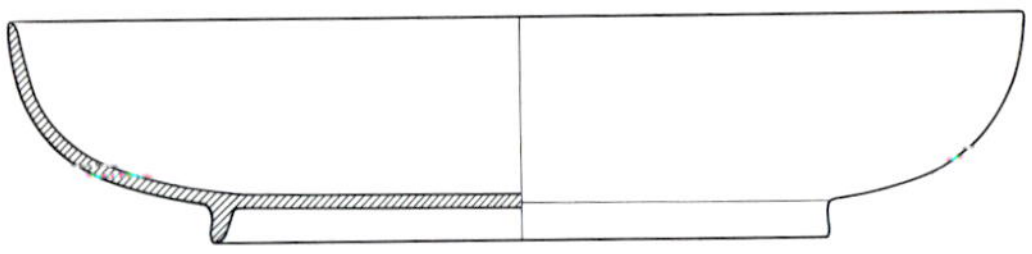

[北宋末·金初]　类汝盘

高5.3厘米、口径24.3厘米、足径14.2厘米

标本T85④：34

口微敛，鼓腹，圈足微外撇。玻璃质感强。器型大气，满釉。胎质致密，色灰白。支烧。

[北宋末·金初] 类汝花口盘

口径22厘米、底径12.1厘米、高5.2厘米

标本T85④：42

器型较大，胎体厚重。花式口，十瓣瓜棱腹。内底微凹，宽带形隐圈足，足面较平。青绿釉，器内外布满细长开片。支烧。

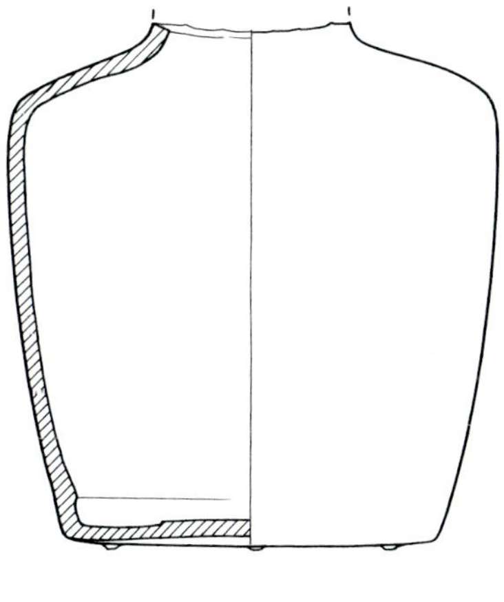

[北宋末·金初] 类汝盘口瓶（残）

残高6.3厘米、底径6.5厘米

标本宝清ⅣT85④：43

器型较小，口、径残缺。折肩，弧腹，小平底微内凹，满釉。青绿釉，器表布满开片。底部有5个支钉痕。支烧。

[北宋末·金初] 类汝碗残片

长10.3厘米、宽5.5厘米

标本T85③：36

残片。仅剩碗口沿部分，直口，斜弧腹。釉色青绿，胎质硬，色灰白。

[北宋末·金初] 类汝碗残片

高5.3厘米、长14厘米、宽8.2厘米

标本T85④：36

碗片。满釉，釉色青绿，玻璃质感强。圈足刮釉。垫烧。

[北宋晚期]　汝釉龙纹熏炉盖残片

残高13.2厘米

标本东门厅H131：7

模制龙身，黏合，盖面莲蓬状。上为龙身，中空。垫烧。

[北宋晚期]　熏炉盖残片

标本东门厅H155T6：未编号

熏炉龙身中部，形体优美，中空，釉色天青，胎质疏松，色灰白。模制。

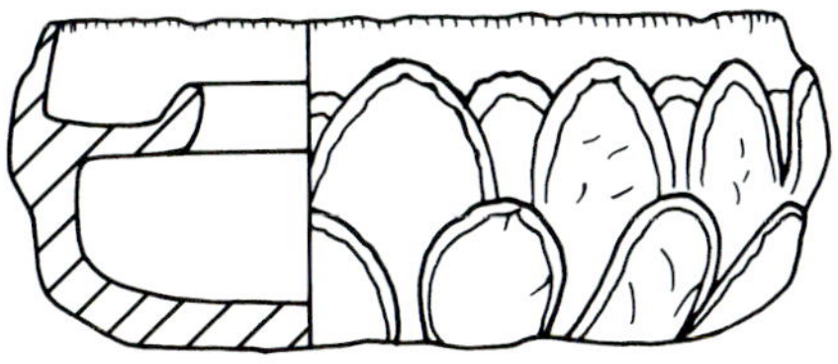

[北宋末·金初]　汝釉熏炉残片

标本东门厅H131：7-3

[北宋末·金初] 类汝花口盘残片

标本北门厅T16④：未编号

2片。花式口。瓜棱腹。釉色青绿泛蓝，釉面网格纹开片。满釉。支烧。

[北宋晚期]　汝釉水仙盆片

标本基G3②：未编号

口沿外撇，斜腹。底部仅剩两个云式足。釉色天青，胎质疏松，色灰白。满釉。支烧。

[北宋晚期]　汝釉瓶残片

残高8.8厘米、足径6.2厘米

标本东门厅②

长颈瓶下部，鼓腹下收，圈足外撇。圈足刮釉，釉色天青，胎灰白。垫烧。

第二部分　素烧器

素烧器

汝窑2011—2016年考古发掘出土大量素烧器，特别是2012年出土的素烧器占整个出土遗物的90%以上，达几十万片（件），器形几十种，主要以盘类器为主。出土的仿青铜器出戟瓶、长方倭角方盘是前期发掘的数倍，大多数是模制。2015年也发现不少素烧器，主要是出戟瓶和盘，但工艺是轮制剔刻纹饰，时间上略早于2012年出土的素烧器。这些素烧器多数器形在天青釉汝瓷中少见，根据地层和出土遗物判断，烧制时间上晚于天青釉汝瓷的烧制时间，灰坑的形成年代为金代。这批素烧器的出土对研究汝窑烧造历史和汝瓷烧造工艺具有重要意义。

[北宋末·金初]　素烧出戟瓶

高23.8厘米、口径5.5厘米、足径7.6厘米

仿青铜器出戟瓶有两种，一种是带纹饰的，一种是净面的，大小基本一致。模制。口径、腹部、足部和羊首都是分两部分模制后黏合而成。颈部嵌两个羊首，瓶腹部均分4个出戟，圈足。纹饰有饕餮纹、夔龙纹、草叶纹、几何纹等，器型、纹饰皆是仿三代青铜器，有的模印后有刀修痕。器型规整大方，非常精美。素面出戟瓶只有腹部4个出戟，表面光滑，未发现上釉成品器。

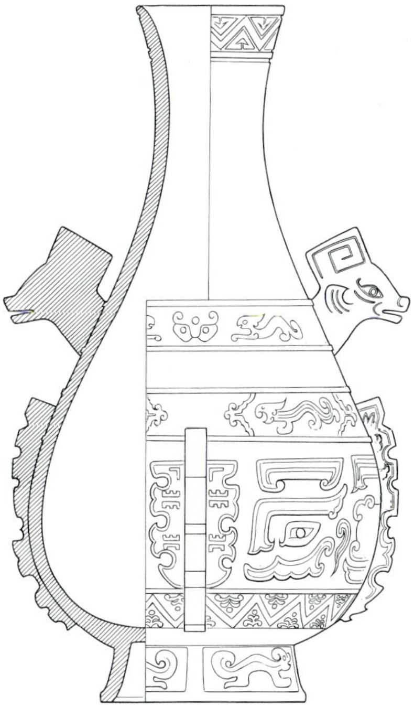

[北宋末·金初]　仿青铜器出戟瓶

口径5.2厘米、底径7.5厘米、高24.7厘米

标本东门厅H137：53

素烧刻剔仿青铜器出戟瓶。样式、纹饰同前，工艺为轮制，剔刻纹饰。垫烧。

[北宋末·金初]　长方倭角盘

高2.4厘米、口23.5厘米x14.8厘米、底16.5厘米x8厘米

标本基G1H32：2

汝窑只见成品1片，素烧器也不多，模制。呈长方形折沿，沿平边凸起一周，四角凹陷，呈倭角，斜腹折平底。器型规整大气。

[北宋末·金初] 长方倭角盘

高2.3厘米、口24.4厘米x18.8厘米、底17厘米x8.5厘米

标本基G1H26：4

器型同前，制作较粗。模制。

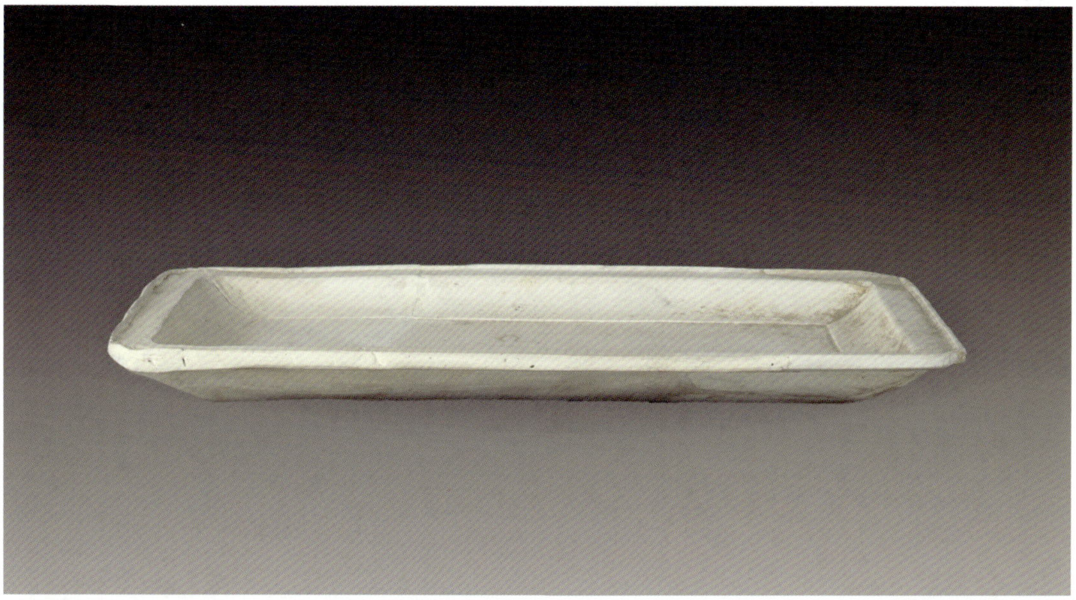

[北宋末·金初] 长方倭角盘

高2.2厘米、口25厘米x14.7厘米、底18.4厘米x8.1厘米

标本基G1H26：5

器型同前，土沁较重。模制。

[北宋末・金初]　荷叶板沿盏托

高7.8厘米、口径9.5厘米、足径8厘米、盘径17.5厘米

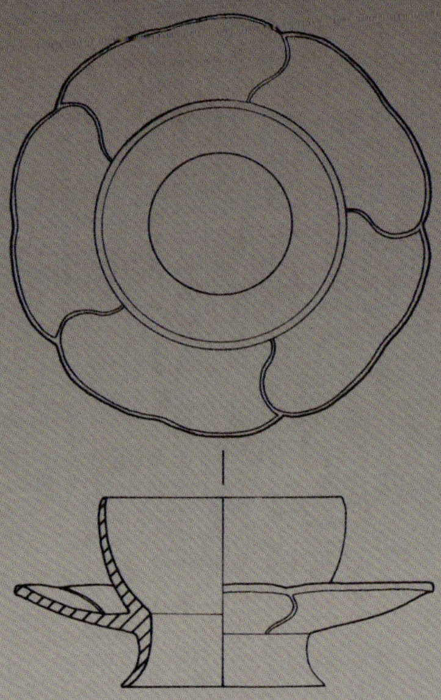

标本基G1H32：9

此类板沿盏托板沿似荷花叶子，又称荷叶形盏托，在汝瓷成品器中出土量极少，素烧器出土也不多。模制。花口盘上翘，盘正背面分别凸起5条曲线纹，把盘上下分成两部分，上承托腹与直口盏相近，底部和圈足上下贯通。圈足外撇。

[北宋末·金初] 花式口水仙盆

高7.2厘米、口长径28.2厘米、口短径20.5厘米、底长径23.1厘米、底短径14.4厘米、足高1.9厘米

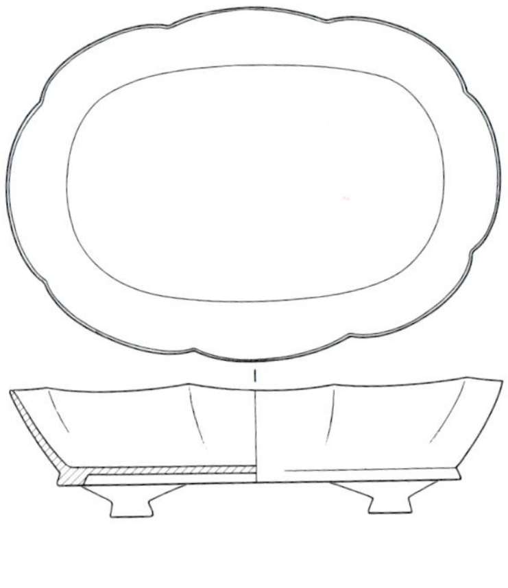

标本东门厅④：11

器型较大，椭圆形，花式口，斜瓜棱腹，腹部格压成8等份。下有云式4足，分别在盆两端。胎质疏松，色土黄。

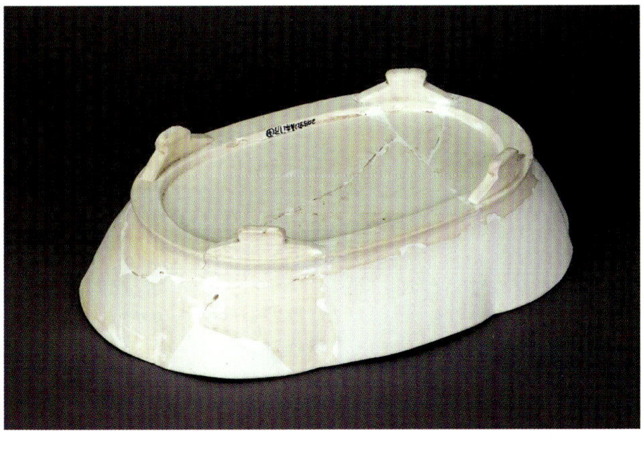

[北宋末·金初]　水仙盆

高7.5厘米、口长29.2厘米、口宽19.8厘米、底长23.2厘米、底宽15.1厘米、足高1.9厘米

标本东门厅④：18

器形同前。该盆在成品器中未见，和椭圆形匣钵配套。

[北宋末·金初]　素烧饰件

厚0.8厘米、直径4.0厘米

标本北门厅T16H155

1组。圆饼状，一面凸，一面凹，饼两端透雕一小圆孔和椭圆孔，用来串联或单独佩挂。胎质疏松，色黄，有橙色沁斑。

[北宋末·金初]　素烧勺

长8.3厘米、高3.7厘米

标本T66④：1

勺子口半椭圆，和勺把相连，把微凹，斜腹，矮圈足。把外半弧状，器身施透明釉。拉坯。

[北宋末·金初]　深腹钵

口径10.5厘米、足径7.3厘米、高13厘米

标本东门厅H139：8

器型较小，圆口，口部稍内敛。深腹，上腹直，下腹弧至圈足，直圈足略外撇。胎薄，质松，色白。器内圆弧状，内有轮制纹。

[北宋末·金初] 圈足花式盒

顶径18.7厘米、口径12.9厘米、足径5.7厘米

标本基G1H32：41

柱状，子母口，盖花式口，盖顶微鼓，盒下部为母口，瓜棱腹。下折腹，直圈足。胎质疏松，色土黄。土沁严重。

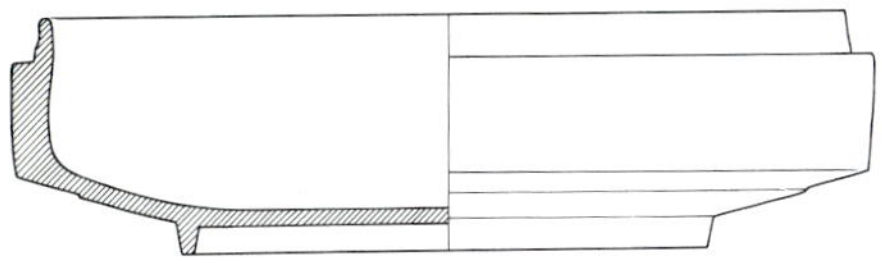

[北宋末·金初] 折腹圈足盒

子口径19厘米、足径12厘米、高6.3厘米

标本东门厅H139：22

圆子口，斜直面折腹，腹下部斜直略弧。平底直圈足，圈足较低，器内弧状。胎质较硬，色白。模制。

[北宋末·金初] 大盆

口径35.4厘米、足径15.8厘米、高9.7厘米

标本东门厅④：40

器型硕大，是同类天青釉盆的素烧。敞口，斜弧腹，器壁有大量的弦纹痕。圈足内凹。胎质疏松，色白泛黄，器表有黑色腐蚀物。轮制。

[北宋末·金初] 大盆

口径37.1厘米、足径15.2厘米、高9.8厘米

标本东门厅H132：13

器型较大，敞口，斜弧腹，假圈足。轮制。

[北宋末·金初] 花口盘

口径23厘米、足径13.5厘米、高5.2厘米

标本基G1H32：24

花式口，十瓣瓜棱腹。斜腹，器内底部平，圈足，足壁稍外撇。胎质疏松，色土黄，有橙色腐蚀痕。

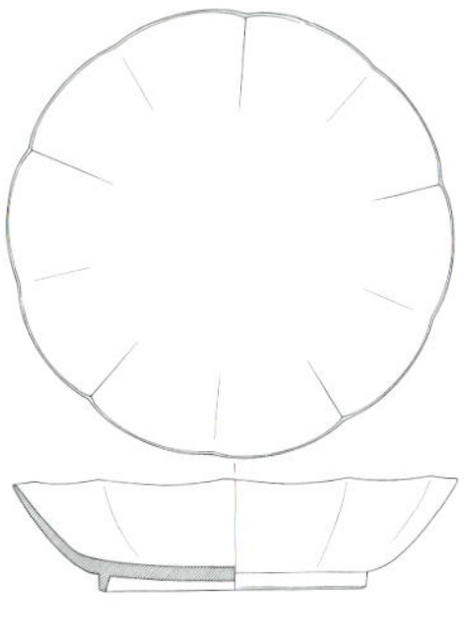

[北宋末·金初]　花式盘

口径23厘米、足径13.7厘米、高5.5厘米

标本基G1H32：6

花式口，瓜棱腹。斜腹，器内底部平，圈足，直足壁。胎质疏松，色土黄泛白。

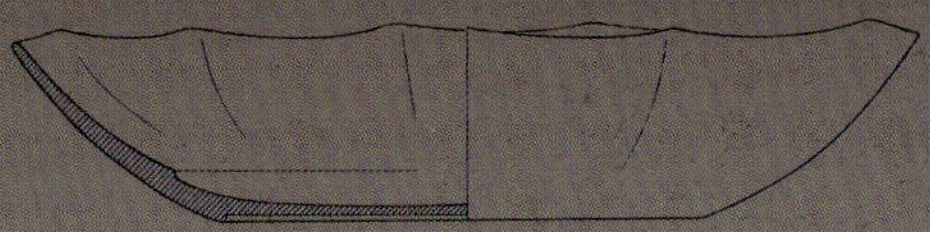

[北宋末·金初]　隐圈足花口盘

高4.7厘米、口径22.6厘米、足径13.2厘米

标本基G1H32：8

汝窑出土有成品器残件，素烧器出土量大，模制。花口式，十瓣瓜棱腹，内底面略鼓，隐形圈足，土沁较严重。

[北宋末·金初] 鼓腹盘

口径25.2厘米、足径16厘米、高6.8厘米

标本东门厅H139：21

器型较大，圆口，口沿内敛，鼓腹，盘内底略凹，外腹口沿处有一细弦纹线。圈足较大，外撇。胎质疏松，色白，器表有植物根系腐蚀痕。

[北宋末·金初]　鼓腹盘

口径25.2厘米、足径16厘米、高6.8厘米

标本东门厅H139：21

器型较大，圆口，鼓腹，盘内底略凹，外腹口沿处有一细弦纹线。大圈足外撇。胎质疏松，色白。

[北宋末·金初] 鼓腹盘

口径21.3厘米、足径12.2厘米、高5.1厘米

标本东门厅④：20

器型较小。直口，鼓腹，直圈足较大。器内略弧。胎质疏松，色白。

[北宋末·金初] 鼓腹盘

口径21.4厘米、足径12.4厘米、高4.8厘米

标本东门厅④：20

器型较小。直口，鼓腹，直圈足较大。器内略弧。

[北宋末・金初] 弧腹盘

口径18厘米、足径10.5厘米、高3.9厘米

标本东门厅H137：39

器型较小。直口，弧腹，圈足。直圈足较高，胎质疏松，色黄。制作规整。

[北宋末·金初]　弧腹盘

口径22.9厘米、足径11.7厘米、高5.2厘米

标本东门厅H137：30

敞口，斜弧腹，高直圈足。器内弧状过渡。胎质疏松，色白，器表有土沁。器型优美。

[北宋末・金初]　弧腹盘

口径17.5厘米、足径9.3厘米、高4.2厘米

标本东门厅④：39

敞口，斜弧腹，直圈足。胎质疏松，色白。

[北宋末·金初] 斜弧腹盘

口径22.2厘米、足径10.9厘米、高5.6厘米

标本东门厅H139：4

斜弧腹，高撇足。土沁严重。器内环状底。

[北宋末·金初] 圈足洗

口径13.6厘米、足径8.5厘米、高3.3厘米

标本东门厅H137：40

圆口，口部稍内敛。弧腹，形式如弧腹盘。圈足，直足壁。胎质疏松，色白。

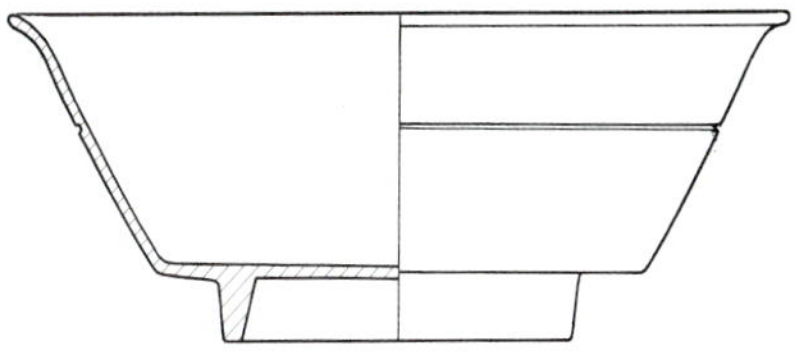

[元代] 折腹小碗

口径12.3厘米、足径5.5厘米、高4.5厘米

标本T83H130：5

器型较小，唇口外撇，下折腹，器内底平。圈足，底足沿修刮。胎质硬，色灰。轮制。为孔雀蓝同类器的素烧。

[北宋末·金初] 弧腹碗

口径25.4厘米、足径8.7厘米、高10.7厘米

标本东门厅H139：16

敞口，上腹稍直，腹下弧收。直圈足。胎色灰白。

[北宋末·金初] 弧腹碗

口径18厘米、足径7.7厘米、高9厘米

标本东门厅H132：12

敞口，口部略内敛。上直下弧腹，直圈足。胎质疏松，色白。

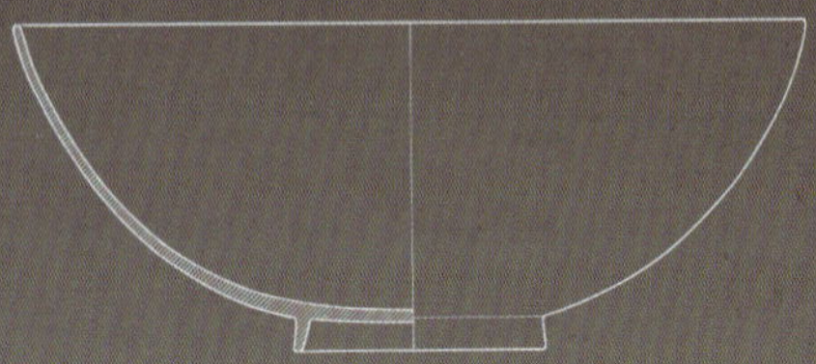

[北宋末·金初] 弧腹碗

口径24.6厘米、足径8.5厘米、高10.4厘米

标本基G1H32：1

敞口，口部略内敛。斜弧腹，直圈足。胎质疏松，色白，有腐蚀痕。

[元代] 斜腹敞口碗

口径21厘米、足径7.5厘米、高9.6厘米

标本基G1H46：1

敞口，口沿略内敛，弧腹。圈足较高，修足，肚脐底。胎质硬，色灰黄。轮制。

[北宋晚期]　斜腹盏

口径12厘米、足径3.7厘米、高6.2厘米

标本东门厅H139：13

敞口微外撇，斜腹，小直圈足。器型优美。胎薄，质松，色白。为同类天青釉器的素烧。

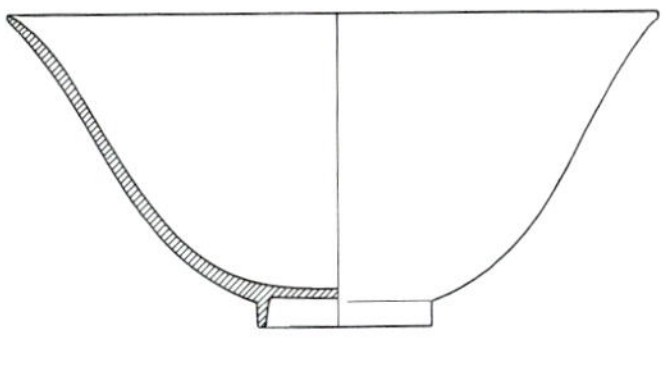

[北宋晚期]　斜腹盏

口径11.9厘米、足径3.6厘米、高6厘米

标本东门厅②：29

唇口，外沿微外撇，斜腹稍弧，直圈足。器型优美。胎薄，质松，色白。为同类天青釉器的素烧。

[北宋末·金初]　斜腹盏

口径11厘米、足径2.8厘米、高6.4厘米

标本东门厅②：28

唇口，微外撇，斜腹微弧，胎薄，质松，色白。直圈足，较小，略高。

[北宋末·金初]　捉手器盖

盖沿径13厘米、子口径10.5厘米、高4厘米

标本基G1H24：1

盖沿平，盖面隆起，盖顶中间有一圆形捉手。子口。胎质较松，色泛黄，是土沁所致。

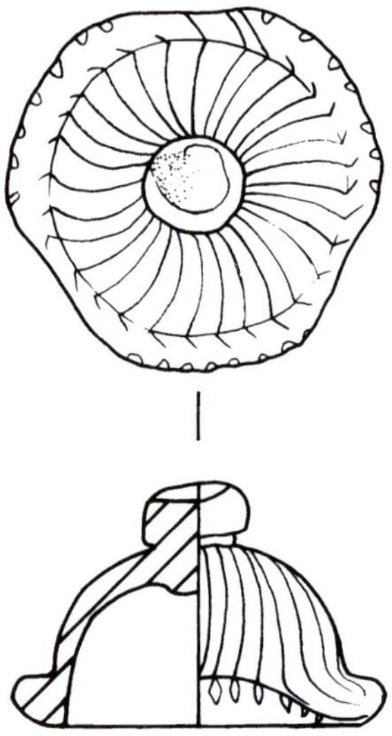

[北宋末·金初] 荷叶状器盖

高2.8厘米、直径4.1厘米

标本基G1②：1

盖面隆起，呈荷叶状，叶筋斜曲。盖顶有圆形捉手，人为捏制。盖沿翻卷，惟妙惟肖。底部平。

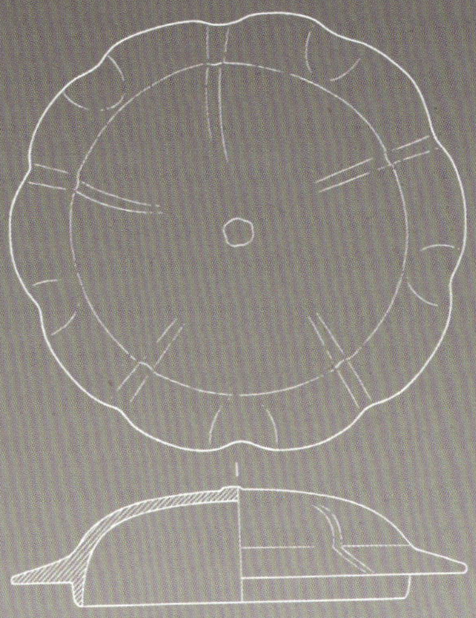

[北宋末·金初]　荷叶形盖

高3.5厘米、口径9.2厘米、总直径12.5厘米

标本基G1H24：2

盖面隆起，上模印五个竖道，形成叶筋。盖沿斜，花面，盖顶中间有一圆形捉手痕。子口。胎质较松，色白有褐斑，是土沁所致。

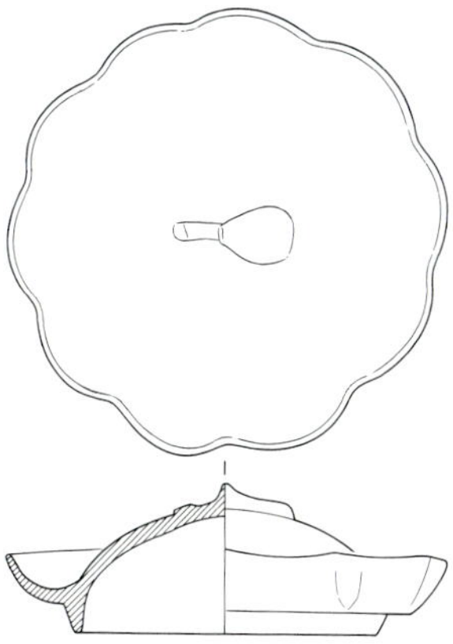

[北宋晚期]　荷叶状器盖

高3.6厘米、盖径10.8厘米、子口径6.8厘米

标本ⅣT85⑤：12

子口，盖面鼓，盖沿荷叶式上翘。盖面上有一象鼻捉手。胎质疏松，色土黄，似上釉未烧。

[北宋末・金初]　素烧器盖

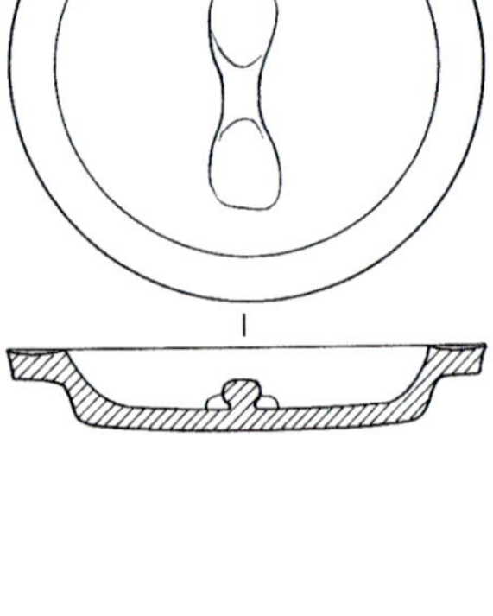

标本ⅣT87 J1：2

子口柱状，盖面凹，弧状，凹面有一边条状捉手，口沿平。胎质稍硬。色灰白。

第三部分

青釉瓷

青釉瓷

青釉瓷也是汝窑遗址众多品种中主打品种之一，烧造数量上仅次于白瓷、汝釉瓷。北宋早、中、晚期皆有之，以北宋晚期（汝窑创烧期）最佳，特别是近几年新发现的青釉瓷，品种多，釉色美，工艺精湛。器型多为生活用品，主要有碗、盏、瓶、器盖、盒等。有模制，有轮制，器型形规整大气。多数釉色青绿泛黄，视之如嫩草，颇似秘色瓷之釉色，明显优于同时期青瓷釉色，胎釉极薄，质疏松，手感轻，胎色多灰白。纹饰多采用刻、剔、划、模印工艺，以牡丹、菊花、莲花为主，线条流畅，图案简洁明快，是少有的精品。

[金代] 青釉盒

高7.1厘米、口径17.3厘米、足径8.9厘米

标本基G2（2号展馆）K1：1

子口，鼓腹，圈足。口部和器内无釉，腹部中部一周凹低至圈足，削足，足底露胎。器表施绿釉，似梅子青釉，釉面光亮，无开片。垫烧。

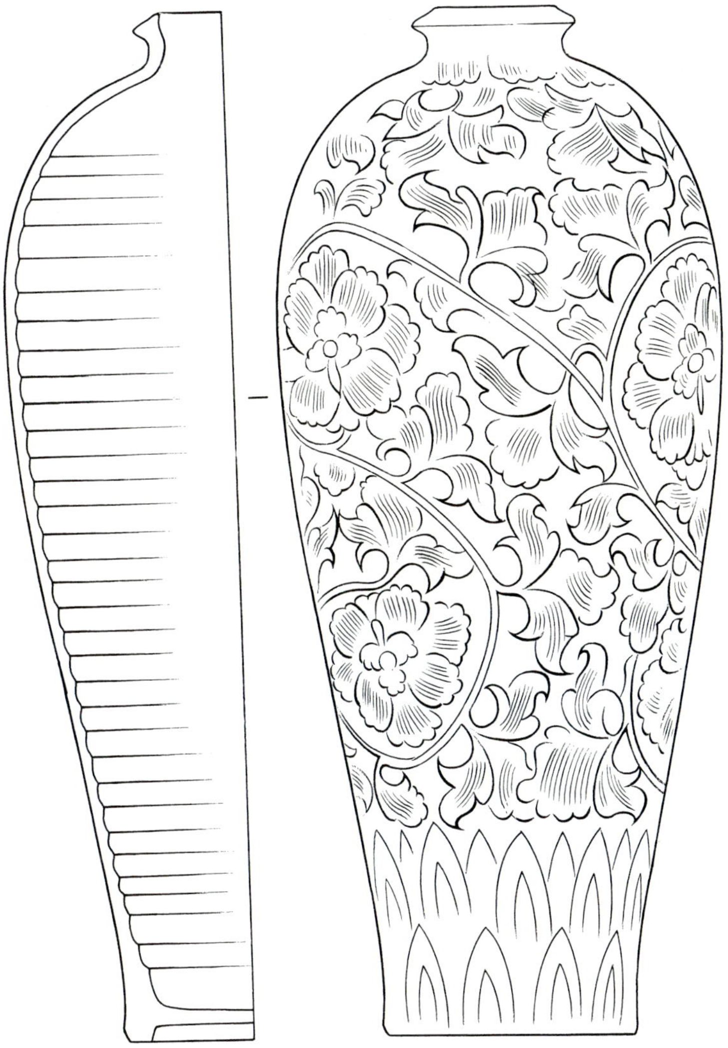

[北宋晚期] 青釉缠枝牡丹纹梅瓶

口径4.6厘米、底径9.8厘米、高39.6厘米

标本Ⅳ东门厅H144：42

小口，尖唇，宽沿面外斜，矮束颈，鼓肩，深腹，隐圈足。肩至腹部刻划缠枝牡丹图案，下腹刻划三层仰莲图案。通体施豆青釉，釉面有较大开片。圈足着地面一周无釉。垫烧，黏结有较多窑沙。

[北宋晚期]　青釉刻划缠枝牡丹纹梅瓶

口径4.8厘米、底径10厘米、高39.6厘米

标本Ⅳ东门厅H144：370

小口，尖唇，宽沿面外斜，矮束颈，鼓肩，深腹，隐圈足。肩至腹部刻划缠枝牡丹图案，下腹刻划三层仰莲图案。通体施豆青釉，釉面有开片。圈足着地面一周无釉。垫烧，通体显规整轮旋纹。值得注意的是，花瓣外釉色泛红，是否有意为之，尚待研究。

[北宋晚期]　青釉刻划凤纹执壶

残高26厘米、底径10.6厘米

标本Ⅳ东门厅H144：46

弧口，卷沿，高束颈，折肩，深弧腹，大圈足微外撇。肩部一侧置一宽带鋬手，残缺，仅存下部，鋬手中部有一条竖凸棱纹；对应一侧一流残缺。颈底与肩交接处饰对称桥形系，系外贴塑有宽带耳，残缺，耳面饰三条竖凸棱纹。颈上部和中部分别饰两周凹弦纹作栏，其间分别刻单层仰莲花瓣图案，肩部刻交叉变形金钱纹一周，腹部刻缠枝凤凰图案，其中一只凤凰呈昂首站立状，另一只凤凰呈俯冲状。做工精细，图案栩栩如生。青釉泛绿，釉面有密集气泡。圈足无釉。垫烧。灰胎。

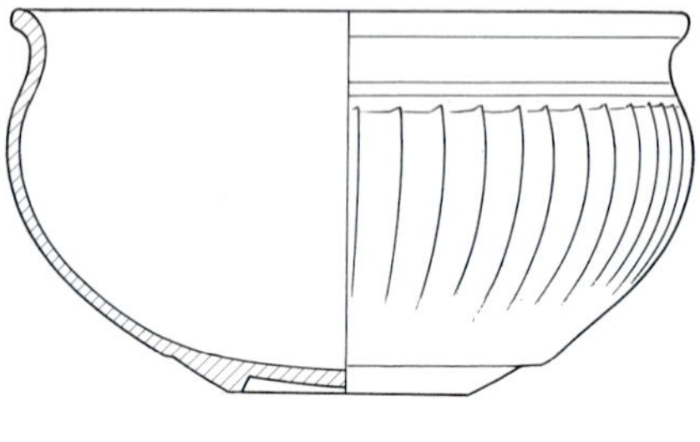

[北宋晚期] 青釉竖条纹罐

口径12厘米、底径4厘米、高7厘米

标本东门厅H144：31

弧口，圆唇沿，束颈，鼓腹，假圈足尖，器内圜底。器表肩部饰两周凹弦纹，腹壁刻条纹。青釉泛绿，有密集气泡和较大开片。器内满釉，器表施釉过下腹，底部无釉。垫烧。

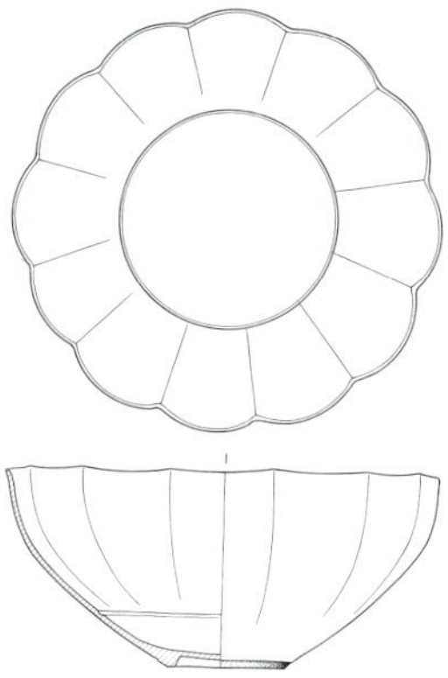

[北宋晚期]　青釉花口钵

高7.4厘米、口径16.4厘米、足径4厘米

标本东门厅H144：200

花式口，瓜棱腹，假圈足，器内同心圆圜底。器内腹壁饰12条凸棱纹等分，器表沿下饰四周凹弦纹，通体施青绿釉，有细密开片。圈足一周无釉。胎质疏松，色灰白。垫烧。

[北宋末·金初]　青釉菊纹碗

标本10东门厅H145：10

直口，直弧腹，下收至圈足。外腹凹陷纹一周，弦纹下刻剔缠枝菊纹，刻工流畅、精美。圈足，足底无釉，釉色绿中泛黄。垫烧。

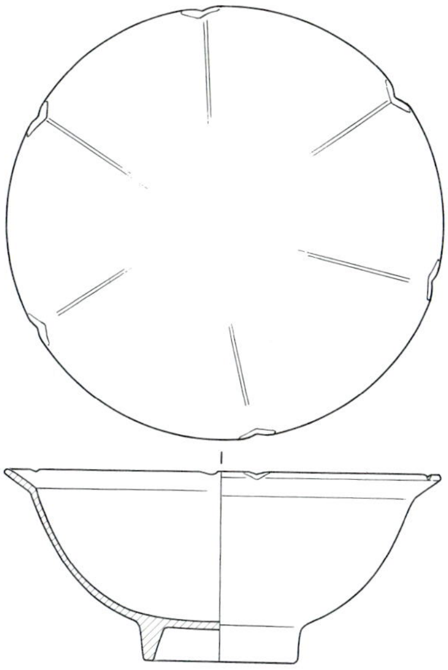

[北宋晚期]　青釉凸线纹碗

高5.6厘米、口径12.4厘米、足径4.2厘米

标本东门厅H146：12

花式口，口沿外撇，折沿，瓜棱腹，高圈足，器内同心圆圜底。器内腹壁沿花口处凸棱等距六分，器表沿下两周凸弦纹，足根处两线弦纹。豆青釉，有细密开片。圈足着地面黏结有少量窑沙。满釉。垫烧。

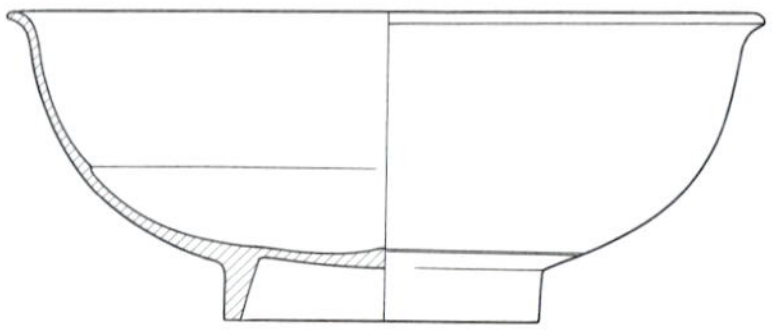

[北宋晚期]　青釉折沿碗

口径16.8厘米、底径6.8厘米、高6.5厘米

标本东门厅H144：38

出土数量不多。弧口，折沿，鼓腹，高直圈足，器内同心圆圜底。器表近足根处一周凹弦纹，通体有不甚清晰的轮旋纹。青釉泛绿，有细密开片。足圈露胎，胎体较厚，胎质较硬，釉厚。垫烧。

[北宋晚期]　青釉枝叶花卉纹盘

高4.8厘米、口径17.5厘米、底径6.2厘米

标本东门厅H144：37

弧口，折沿，弧腹，矮圈足，器内同心圆圜底。器内腹壁模印等距五分枝叶纹，内底模印图案，器表显轮旋纹。青釉泛绿，有细密开片。圈足无釉。垫烧。

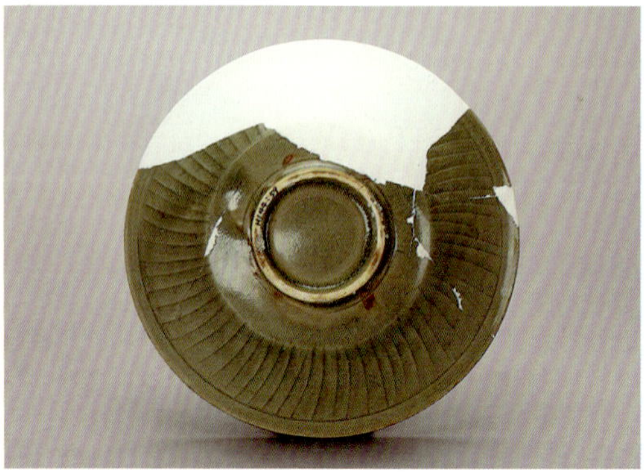

[北宋晚期]　青釉牡丹纹盘

口径19.7厘米、足径6.4厘米、高4.6厘米

标本东门厅H144：59

敞口，斜腹，下折，圈足。器内外口沿下刻一凹弦纹，腹部弦纹下刻竖条纹；内弦纹下刻剔枝叶，底部中间刻剔牡丹花朵。满釉，釉色青绿泛黄。器身有细小开片。胎体薄、轻，足底露胎。垫烧。

[北宋晚期]　青釉牡丹纹折腹盘

高5厘米、口径18.8厘米、足径5.9厘米

标本东门厅H144：202

花式口，口沿斜，斜腹下折腹至圈足收，矮圈足。口沿等分为六份，形成花口，器内口沿下有细弦纹，底部同心圆平底，弦纹和同心圆之间刻划枝叶纹，同心圆内刻划牡丹花瓣。器身施釉青绿泛黄，胎体轻，釉薄，器身布满开片。足底露胎。垫烧。

[北宋晚期]　青釉海水龙纹盘

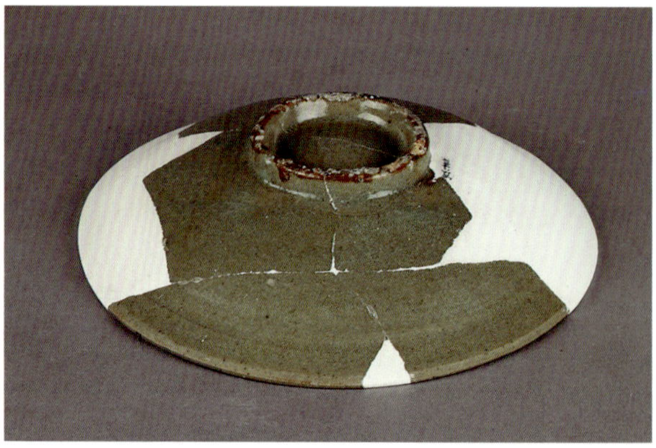

标本东门厅H144：325

斜口，斜腹微弧，矮圈足，器内圜底。腹外无纹饰，内壁模印海水龙纹图案。器表有弦纹。青釉泛绿，有细密开片。圈足无釉。垫烧。

[元代] 钧釉盘

高4.5厘米、口径15.5厘米、足径5.3厘米

标本南门厅H45：1

唇口内敛，斜腹，圈足。圜状底。器内外均施半釉，釉色蓝灰。胎灰黄。足壁外直内斜，肚脐起底。轮制。垫烧。

[北宋晚期] 青釉牡丹纹盏

高5.2厘米、口径16.2厘米、底径4.2厘米

标本东门厅H144：25

器型较小。斜口，口沿微折，斜腹，矮圈足，器内尖圜底。器骨上腹一周凹弦纹，腹壁刻划枝叶纹，内底刻划牡丹花瓣图案；器表沿下一周凹弦纹。青釉泛绿，有细密开片。圈足无釉。垫烧。

[北宋晚期]　青釉菊纹盏

高7.2厘米、口径17.6厘米、足径5.2厘米

标本东门厅H144：32

弧口，圆唇，折沿，斜弧腹，矮圈足，器内小圜底。器内腹壁模印缠枝花卉图案，器内底模印菊瓣纹。豆青釉，有细密开片。圈足无釉。垫烧。

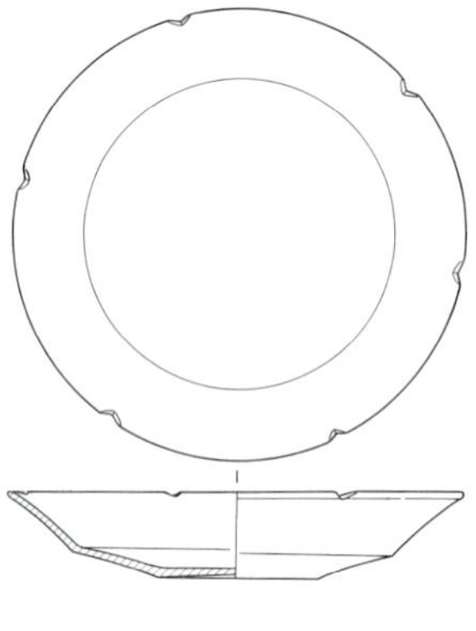

[北宋晚期]　青釉花口碟

口径12.5厘米、底径4.5厘米、高2.4厘米

标本东门厅H144：22

花式口，口沿微折，口折腹，平底，器内同心圆平底。青釉泛黄，有细密开片。底面无釉。

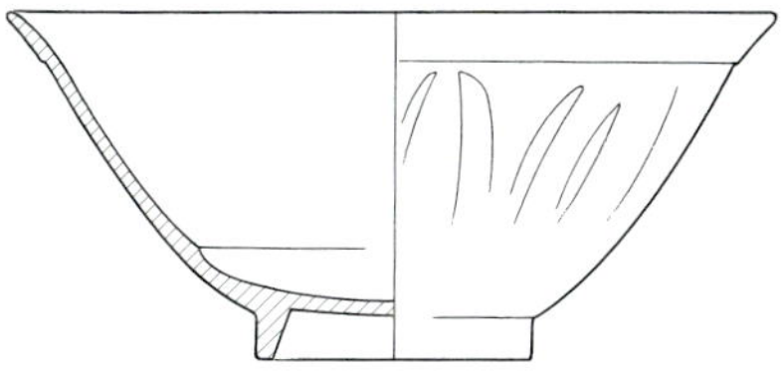

[北宋晚期] 青釉莲瓣纹碗

口径12.4厘米、底径4.4厘米、高5.8厘米

标本东门厅H144：310

唇口，折沿，斜弧腹，矮圈足，挖足过肩，器内同心圆圜底。器表腹壁剔三层仰莲花瓣，青釉泛绿，有细密开片。圈足无釉。垫烧。

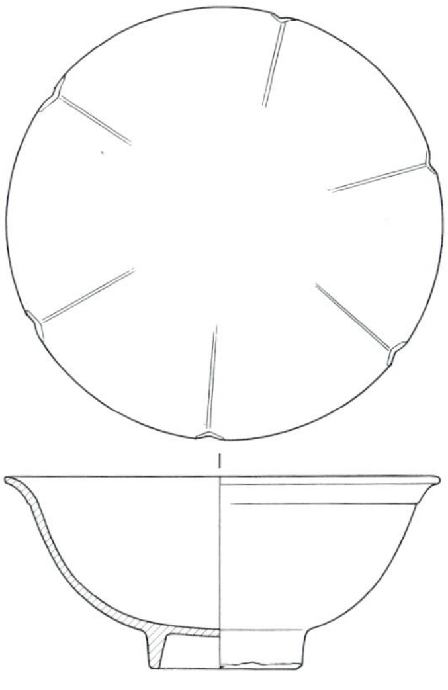

[北宋晚期]　青釉花口线纹碗

口径12.4厘米、底径4.2厘米、高5.6厘米

标本Ⅳ东门厅H144：9

花式口，口沿外斜，折沿，瓜棱腹，高圈足，器内同心圆圜底。器内腹壁沿花口处凸棱等距六分，器表口沿下两周凸弦纹，足根处两线弦纹。豆青釉，有细密开片。满釉。垫烧。圈足着地面黏结有大量窑沙。

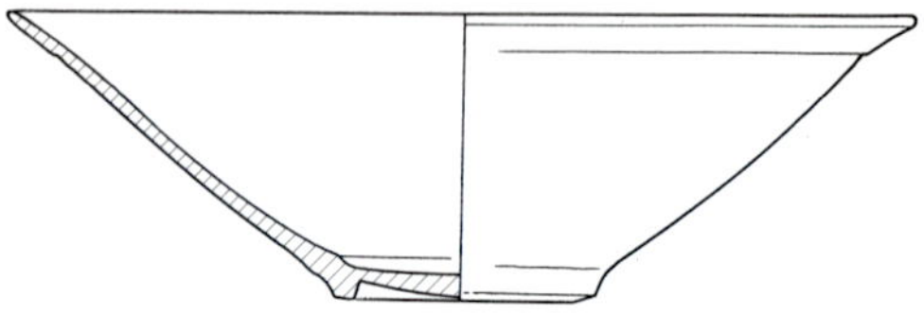

[北宋晚期]　青釉斜腹碗

口径13.9厘米、底径4厘米、高4.4厘米

标本Ⅳ东门厅H144：47

小唇口，微折沿，沿外壁有一细弦纹，斜腹，矮圈足，器内同心圆平底。青绿釉泛嫩黄，有密集冰裂开片。圈足无釉，黏结有大量窑沙。

[北宋晚期] 青釉花牡丹纹碗

口径17.2厘米、足径5.9厘米、高5.5厘米

标本东门厅H146：2

花式口，斜沿。器物内外壁等距离皆有一周细弦纹，内壁弦纹下方刻划牡丹叶枝，碗底环状部分刻划牡丹花瓣，部分花瓣在壁上。斜腹微弧，满釉，釉色青绿泛黄，有细小开片。胎质较松，色灰白。足底有窑沙。垫烧。

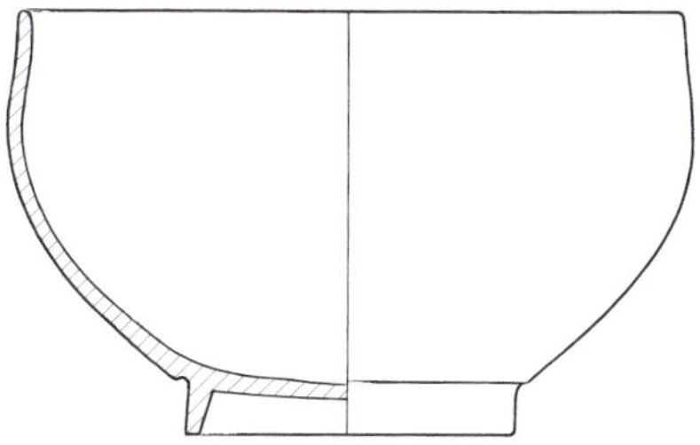

[北宋晚期]　青釉小碗

高6厘米、口径9.2厘米、足径4.6厘米

标本东门厅⑥：45

唇口，鼓腹，圈足。口部内敛，直圈足，足底刮釉。满釉，釉色青绿，器身布满小开片。胎灰白。轮制。垫烧。

[北宋晚期] 青釉菊瓣纹碗

高5.2厘米、口径20.4厘米、底径6厘米

标本东门厅H144：198

器型较大。斜口，折腹，矮圈足，器内同心圆圜底，器内底中部内凹。器内上腹一周凹弦纹，腹壁及底刻菊瓣纹，底中心刻划花蕊图案；器表沿下三周线弦纹，腹壁刻划菊瓣纹。青釉泛绿，有细密开片。圈足无釉。垫烧。

[北宋晚期]　青釉菊瓣纹盘

高4厘米、口径13厘米、底径4.8厘米

标本东门厅H144：203

器型小。斜口，折沿，斜弧腹，矮圈足，器内同心圆底近平。器内腹壁及底刻菊瓣纹，底中心模印一同心圆，中部为“十”字纹。通体显轮旋纹，豆青釉，有较大开片。圈足无釉。垫烧。

[北宋晚期] 青釉牡丹纹盏

口径17.4厘米、足径4.3厘米、高5.2厘米

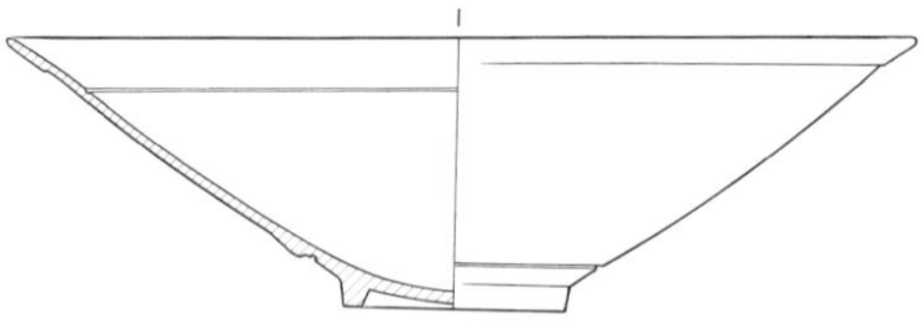

标本东门厅H144：315

斜口，斜腹，圈足。器内口沿下有一细凹弦纹，弧底。弦纹下刻枝叶，底部中刻划牡丹花，线条流畅，纹饰简洁。满釉，釉色青绿泛黄，器身有细小开片。胎体薄、轻，足底露胎。垫烧。

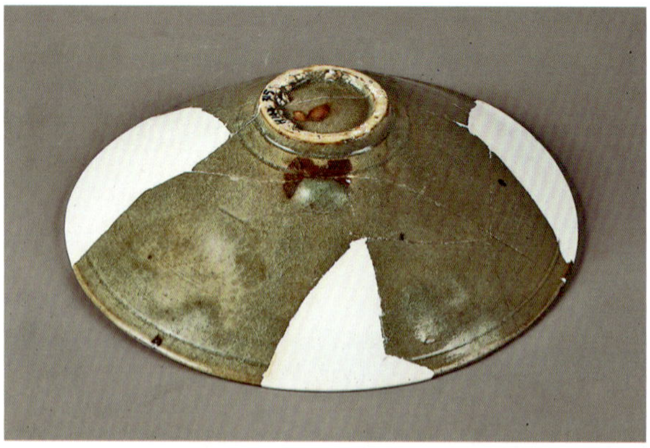

[元代]　青釉敛口碗

口径19.3厘米、足径5.9厘米、高7.9厘米

标本基G1②：2

口微敛，弧腹，腹下部有两道细弦纹。青绿釉，釉薄露胎，半釉，器身有开片和黑点。圈足，足底刮削，肚脐底。胎质硬，色灰。轮制。

[元代]　青釉红斑碗

口径18.8厘米、足径5.7厘米、高6.9厘米

标本基G1H23：2

口微敛，弧腹，腹下部有两道细弦纹。青绿釉，釉薄露胎，半釉，器内有红斑状如金鱼，器通身有开片。圈足，足底刮削，肚脐底。胎质硬，色灰。轮制。

[金元时期] 钧釉碗

高8.6厘米、口径22厘米、足径6厘米

标本2012南门厅③：14

口微敛，弧腹，腹下部有两道细弦纹。天青釉，釉薄，施釉至足根，釉面有棕眼，器身有开片和黑点。直圈足，足底微凸。胎质硬，色灰。轮制。垫烧。

[北宋晚期]　青釉牡丹纹盘

口径18厘米、底径5.7厘米、高4.8厘米

标本东门厅H144：56

斜口，折沿，弧腹，矮圈足，器内同心圆圜底中部内凹。腹壁模印等距六分枝叶纹，内底模印枝叶牡丹纹图案。青灰釉，有细密开片。圈足无釉，黏结有大量窑沙。垫烧。

[北宋晚期] 青釉牡丹纹盘

口径17.8厘米、足径6厘米、高6.8厘米

标本东门厅H144：324

敞口，口沿外撇，弧腹，下腹微折弧至圈足，矮圈足，器内同心圆圜底中部内凹。器内刻弦纹，弦纹与环之间印枝叶纹，内底模印枝叶牡丹花图案。青灰釉，有细密开片，有缩釉点。圈足无釉，黏结有少量窑沙。垫烧。

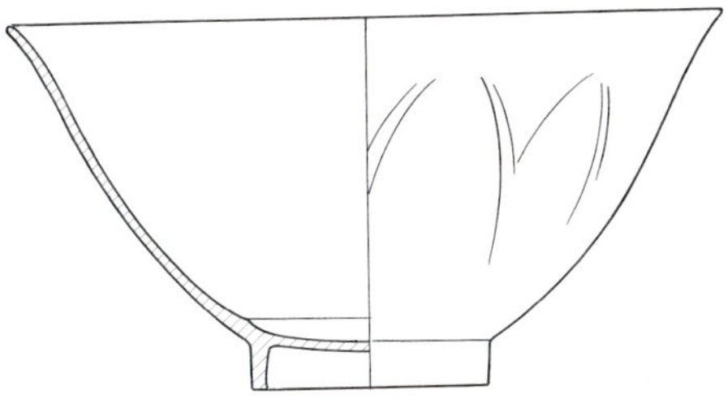

[北宋晚期]　青釉斜腹莲瓣纹盏

口径13.2厘米、底径4.3厘米、高7厘米

标本Ⅳ东门厅H144：49

出土数量极少。斜口，沿微折，斜腹微弧，高直圈足，器内同心圆平底。器表刻双层仰莲花瓣。青绿（又称梅子青）釉，釉色纯正莹润。器内局部有竖条开片。器内满釉，器表施釉至足根。此件器物为不多的精品之一。

[北宋晚期] 天青釉剔莲瓣纹盏

口径13.2厘米、底径4.4厘米、高6.8厘米

标本东门厅⑥：46

斜口，微折口沿，弧腹，高直圈足，器内同心圆平底。器表刻双层仰莲花瓣。青绿釉，釉色纯正。器内局部有竖条开片。器内满釉，器表施釉至足根。胎质稍松，色黑。

[北宋晚期]　青釉盏

高5.3厘米、口径12厘米、足径3.5厘米

标本东门厅H144：266

唇口，斜腹，矮饼形，圈足，器内同心圆小平底。由于烧制温度低，釉色清灰泛黄，器身有气泡。圈足无釉。垫烧。

[北宋晚期] 青釉盏

高4.8厘米、口径10.8厘米、底径3.2厘米

标本东门厅H144：44

唇口，斜腹微弧，矮饼形，圈足，器内同心圆小平底。釉色绿中泛黄，器身有气泡。圈足无釉。垫烧。

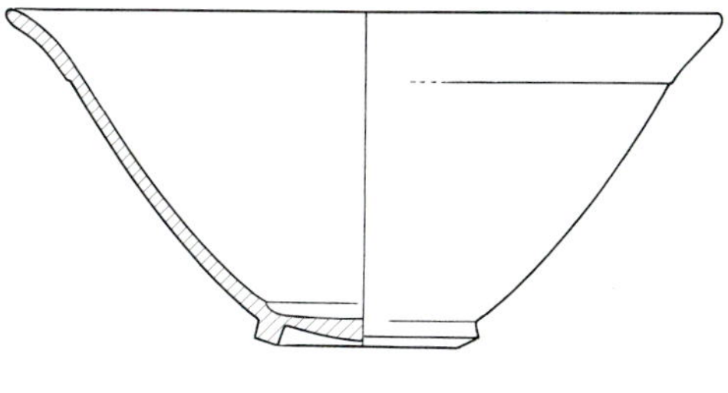

[北宋晚期]　青釉盏

口径13.2厘米、底径4.2厘米、高6.4厘米

标本东门厅H144：194

器型在同类器中最大。唇口，斜腹，矮饼形，圈足。器内同心圆小平底。由于烧制温度低，釉色月白，无光泽。圈足无釉。垫烧。

[北宋晚期] 青釉盏

口径11.6厘米、底径4.2厘米、高5.2厘米

标本东门厅H144：195

器型较小。唇口，折沿，斜弧腹，矮圈足。器内同心圆圜底。器内壁模印等距六分花卉图案，内底模印菊花图案，整体由于釉厚，图案不甚清晰。器表腹壁有另一件器物黏结痕。青灰釉。圈足无釉。垫烧。黏结有大量的窑沙。

[北宋晚期] 青釉缠枝牡丹纹盏

口径10.2厘米、底径2.5厘米、高4.3厘米

标本东门厅H144：260

器型小，胎体薄。小唇口，折沿，斜弧腹，小圈足。器内圜状底。器内腹壁模印缠枝牡丹图案。釉青绿泛黄，器身有细密开片。圈足无釉，黏结有窑沙。垫烧。

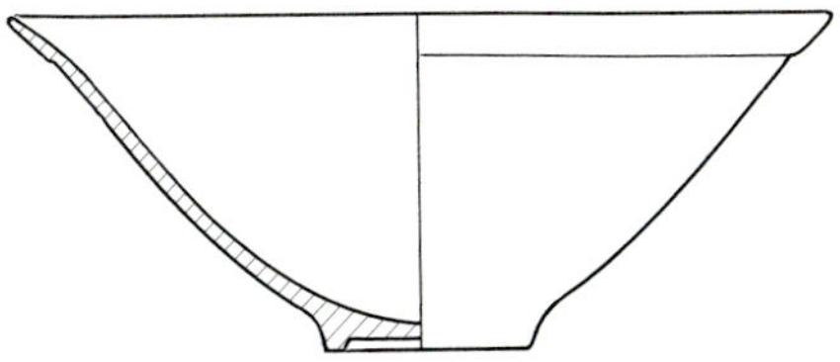

[北宋晚期]　青釉菊纹器盖

高4.5厘米、口径11.9厘米、盖径14.5厘米

标本东门厅H144：19

子口，鼓顶面，沿面近平，微上翘，盖顶中部置一象鼻形捉手。盖面剔刻缠枝菊花图案，子口一周无釉，通体施豆青釉，有细密开片。垫烧。

[北宋晚期] 青釉菊纹器盖

高4.4厘米、子口径11.4厘米、盖沿径14.4厘米

标本东门厅H144：66

子口，鼓顶面，平沿面，盖顶中部置一象鼻形捉手。盖面剔刻缠枝菊花图案。青釉泛黄，子口一周无釉，器内满釉。垫烧。

[北宋时期]　青釉刻花盒盖

底径8.2厘米、口径7.3厘米、高6.1厘米

标本东门厅H146：6

圆形母口，盖上部刻缠枝牡丹纹，盖壁刻海浪纹。盖内上半釉形成母口。釉色青绿泛黄，器内有细小开片。周身有气泡，胎质较松，色灰。

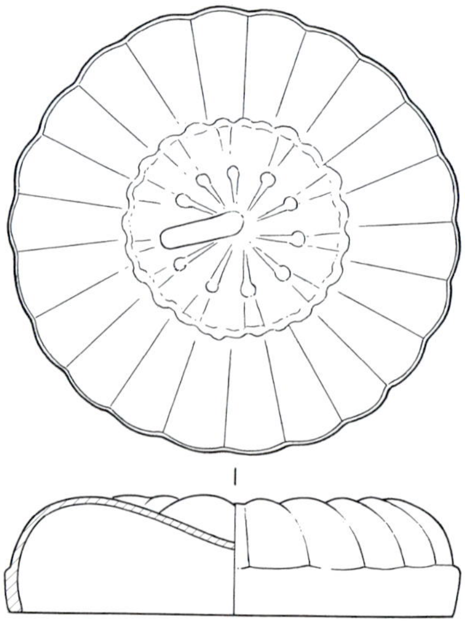

[北宋晚期]　青白釉菊瓣纹盒盖

高2.6厘米、口径10厘米

标本东门厅F7活动层：50

母口，盖顶凸凹，中间有一蒂状捉手（修复）。器盖顶从口部至顶端刻有三层菊花花瓣，形象生动。顶部施青白釉，盖内施护胎透明釉。胎质瓷实，色白净。垫烧。非清凉寺窑产品，应是景德镇同时期产品，实用器。

[北宋晚期]　青釉莲瓣纹盒盖片

标本G1：未编号

母口，圆口，刻莲瓣纹。下圈花式口，瓜棱腹，盖顶刻牡丹纹。釉色绿中泛黄，胎质硬，色灰白，口内无釉。

[北宋末・金初]　八棱瓶

标本东门厅K1：1

仅存瓶下部分，四棱，釉色青绿，棱部泛黄。器表无开片，有大量棕眼。胎质瓷实，色灰。

第四部分

其他瓷器、陶器

其他瓷器、陶器

汝窑相对于汝州其他同时期窑场，烧造瓷器的品种较多（鲁山段店也较多），除汝釉、青釉外，还有白釉、黑釉、酱釉、白地黑花、珍珠地、三彩陶器等。这里出土的白釉瓷，相对于民窑区同类器物，釉色细腻洁白，有很强的温润感，胎质较纯；黑釉瓷，釉色黑如漆，晶莹透亮；珍珠地画工精妙，图案寓意深刻，是少有的精品；三彩陶器以枕类较多，多数有墨书铭文，与寺庙有关。出土的陶绣墩，制作精美，工艺复杂。实用器，资料显示，北宋时期国内出土陶绣墩应仅此一例。同出的陶质角兽（建筑构件），模制，器形大，制作精美，上涂银粉，应是官府或者大型寺庙所用之物，这是否说明北宋中晚期这里有官府建筑或者官府寺庙？这些发现对汝窑的深入研究意义重大。

[北宋晚期]　白釉梅瓶

高22.4厘米、口径2.8厘米、底径6.9厘米

标本东门厅F7：26

小口，尖唇，斜沿，束颈，鼓肩，深弧腹，假圈足。肩部一侧刻一“王”字款。白釉泛黄，有细密开片。施釉近足面，通体敷一层较厚化妆土。器表显规整宽带轮旋纹，圈足一周有垫烧痕。

[北宋晚期]　白釉珍珠地梅瓶

口径4.4厘米、底径9厘米、高39.8厘米

标本东门厅H144：290

弧口，宽沿面微外斜，尖圆唇，矮束颈，鼓肩，深腹，隐圈足。肩和腹中部分别饰两周线弦纹，中部饰河塘盛景，其中一侧饰水禽，嘴叼一鱼作飞翔状；对应一侧饰水禽，嘴叼一蟾蜍左后腿，两鸟之间饰一大头虾。其余部分饰水藻纹、莲花、莲蓬和荷叶等，珍珠地填空。下腹饰焦叶纹。通体施釉，釉色白中泛黄，釉下敷一层化妆土至圈足内面，圈足着地面，内无釉。

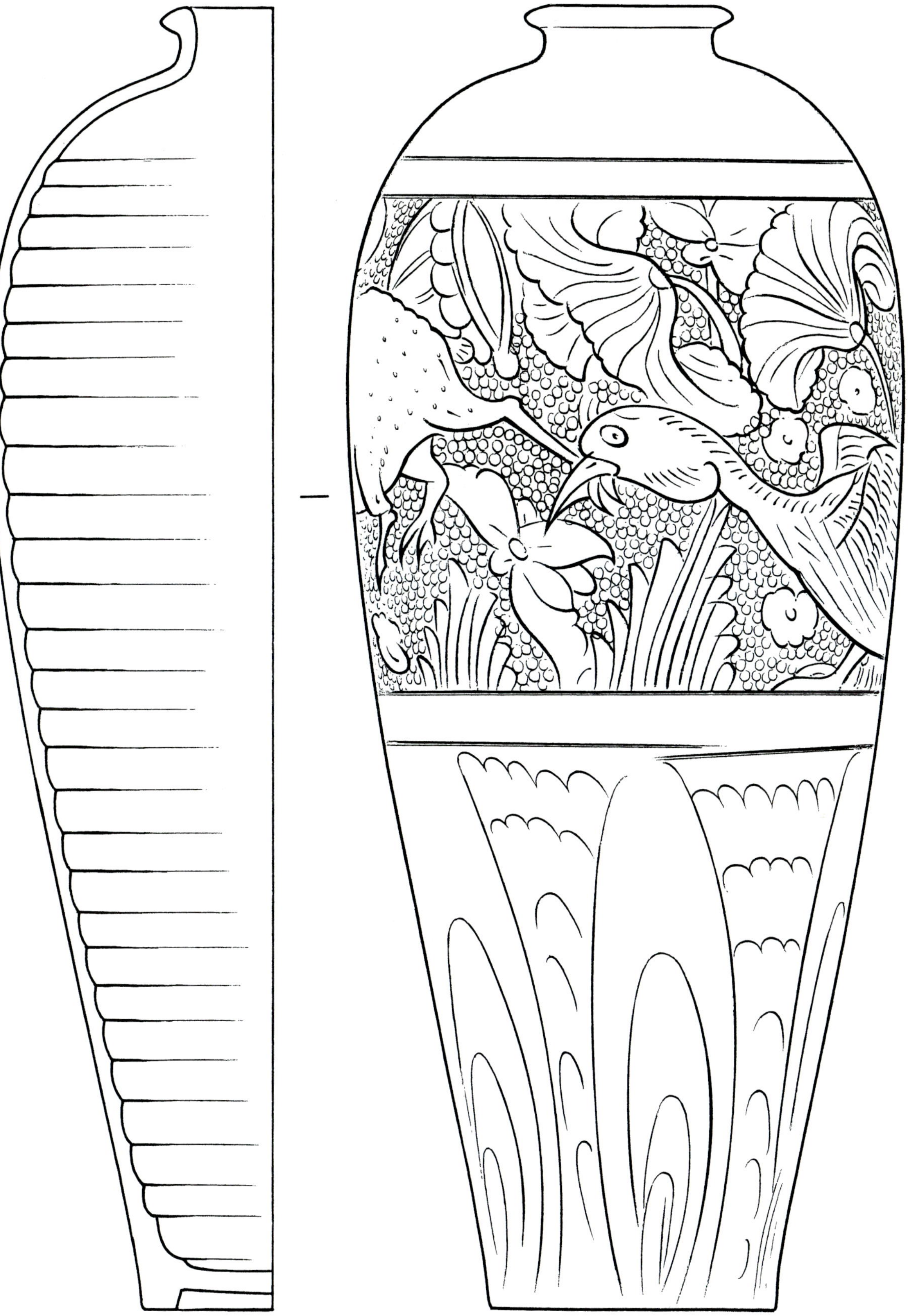

[北宋末·金初] 白釉盖罐

高11.1厘米、口径7.1厘米、足径6.3厘米

标本东门厅H146：11

唇口，短颈，鼓腹圈足。直圈足无釉。釉色甜白，微泛黄，胎色灰黑。轮制。垫烧。

[北宋晚期]　白釉瓜棱罐

口径10.4厘米、底径8厘米、高14.7厘米

标本东门厅H144：294

唇口，矮直颈，鼓肩，瓜棱腹，矮圈足微外撇。肩部饰凹弦纹两周。白釉泛黄，口沿一周无釉露化妆土，器表施釉近圈足，釉下敷一层较厚化妆土至足根，局部化妆土流至圈足；器内旋釉到肩下，器内敷满化妆土，上部较薄透明釉，不甚规整。通体显轮旋纹。

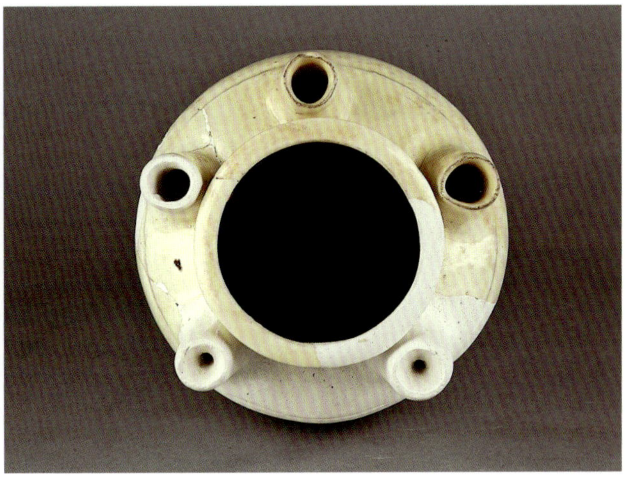

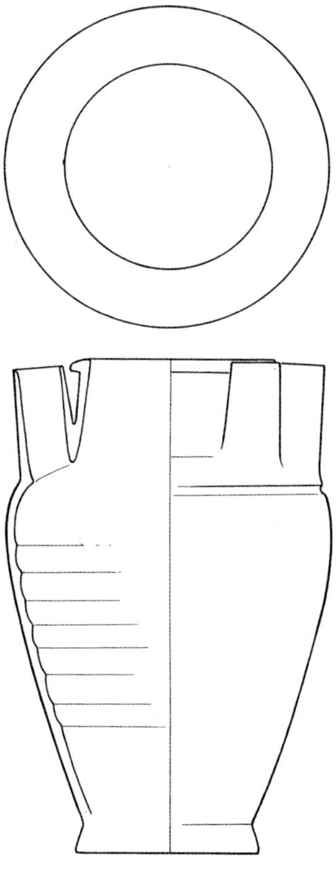

[北宋晚期]　白釉五管瓶

口径9.3厘米、底径8.6厘米、高23.1厘米

标本东门厅H144：294

直口，唇沿，直颈 ，折肩，深弧腹，大圈足外撇。肩部饰凹弦纹一周，肩上部有五个圆柱形流，其中两个残缺。白釉泛黄，器内施釉至沿下，器表施釉近圈足，釉下敷一层较厚化妆土。

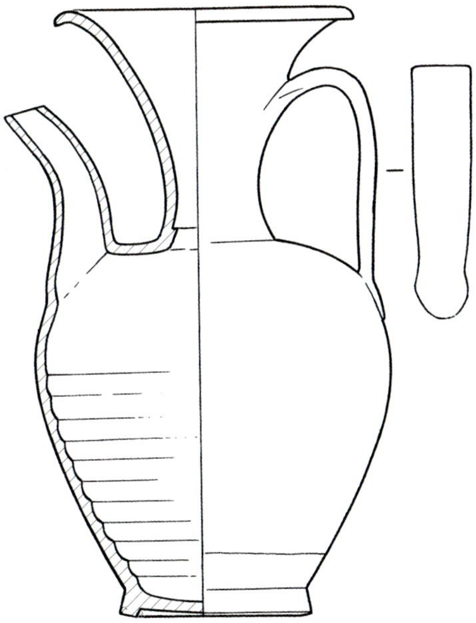

[北宋晚期] 白釉执壶

口径11.2厘米、底径7.2厘米、高22.8厘米

标本东门厅H144：229

喇叭形口，卷沿，束高颈，鼓肩，鼓腹，圈足外撇。肩部一侧置一条带桥形鋬手，对应一侧置一弧形流。白釉泛黄，有细密开片。器内施釉至颈中部，器表施釉近足根，釉下敷一层化妆土。通体显轮旋纹。

[北宋晚期]　白釉钵

口径12.8厘米、底径4.2厘米、高5.7厘米

标本东门厅H144：157

敛口，鼓腹，假圈足，尖着地面，器内同心圆圜底，内底遗留3个长条形支钉痕。白釉泛黄，器内满釉，器表施釉至足，釉下敷一层化妆土，口沿局部脱釉。通体显宽带轮旋纹。

[北宋晚期] 白釉小盒

高4厘米、底径3.2厘米、口径3.9厘米、盖径5厘米

标本东门厅H144：53

器型较小，子母口，直腹，圈足。盖面微鼓，盖面、腹施白釉，盖内和盒内无釉。直圈足，无釉。釉色白中泛黄。垫烧。

[北宋晚期]　白釉弧腹盆

高12.2厘米、口径22.4厘米、底径9.2厘米

标本东门厅H144：180

弧口，圆唇，深弧腹，矮圈足外撇。器内圜底，底面遗留4个大支钉痕。器表显密集轮旋纹。白釉泛黄，有细密开片。器内满釉，器表施至下腹，釉下敷一层化妆土过釉。

[北宋晚期]　白釉炉

口径4.3厘米、沿径11.2厘米、底径5.6厘米、高8.6厘米

标本东门厅H144：224

弧口，小尖唇，宽沿面下垂，直腹壁，折腹，束柄，喇叭形足。白釉，器内施釉至沿下，器表施釉至柄中部，釉下敷一层化妆土，局部流至足面。

[北宋晚期]　黑覆轮碗

口径14.7厘米、底径5.6厘米、高5.8厘米

标本东门厅H144：161

斜口，弧腹，矮圈足，挖足过肩。器内圜底，留2个支钉痕。口沿一周施黑釉，器内满釉，白中泛黄，器表施白釉，釉下化妆土施至近足根。通体显轮旋纹。

[北宋晚期]　白釉高足小碗

口径11.3厘米、底径4.5厘米、高6.1厘米

标本东门厅H144：13

器型较小。唇口，折沿，弧腹，高喇叭形圈足，器内圜底。通体施釉，白中泛黄，口沿一周局部脱釉，无开片。满釉。垫烧。

[北宋晚期] 白釉高足碗

口径11.3厘米、底径4.7厘米、高5.8厘米

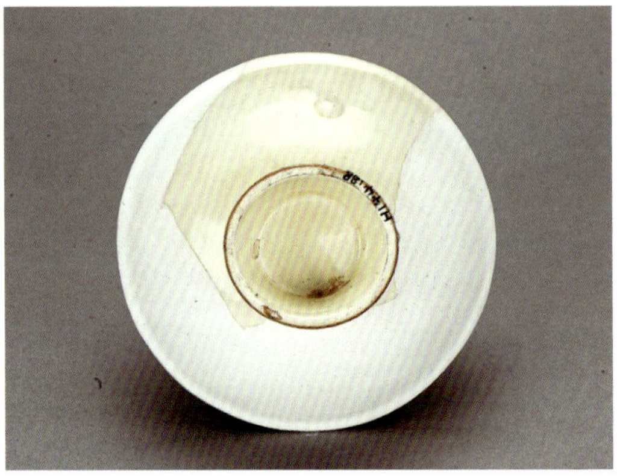

标本东门厅H144：88

唇口，斜沿，斜弧腹，高圈足外撇，器内圜底。白釉泛黄，有细密开片，开片中呈黑色。圈足无釉。垫烧。

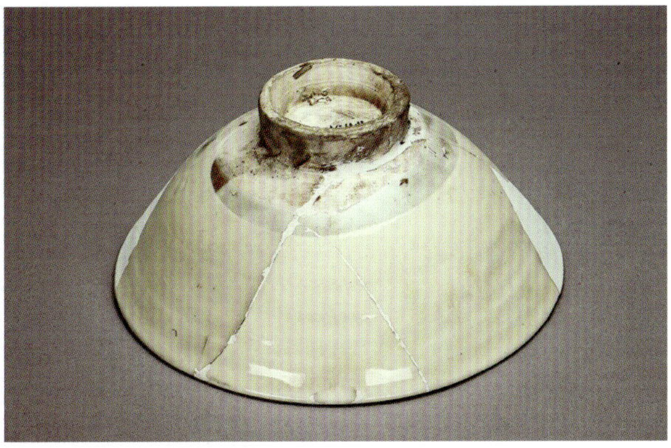

[北宋晚期]　白釉斜弧腹碗

口径19厘米、底径6.2厘米、高8.7厘米

标本东门厅H144：346

唇口，沿微折，斜弧腹，高圈足外撇。器内小圜底，遗留4个小圆支钉痕。白釉，器内满釉，器表施釉至下腹，通体敷一层化妆土。由于受土蚀，器内釉呈浅灰色，器表显规整凹弦纹数周。

[北宋末·金初] 白釉花口碗

高5.9厘米、口径11.8厘米、足径4.3厘米

标本东门厅H137：34

花式口，瓜棱腹，圈足。口部均分六瓣花瓣，口沿外撇。斜腹呈瓜棱状，高直圈足，足底略凸。釉色白中泛黄，施釉不及足，胎色灰，胎表施化妆土。垫烧。

[北宋晚期]　白釉碗

口径16.6厘米、底径5厘米、高7厘米

标本东门厅H144：78

斜口，宽折沿，斜腹，高圈足。器内圜底，遗留4个细长支钉痕。白釉，口沿一周脱釉，器内满釉，器表施釉至下腹，通体敷一层化妆土。垫烧。

[北宋晚期] 白釉双系罐

高15.4厘米、口径7.4厘米、底径5.3厘米

标本东门厅H144：354

唇口，折沿，束颈，溜肩，竖鼓腹，圈足外撇。口沿及肩部饰对称桥形系，修复完整。白釉泛黄，无光泽，器内施釉至颈下，器表施釉至下腹，釉下敷一层化妆土。器内外显密集轮旋纹。胎色黄。

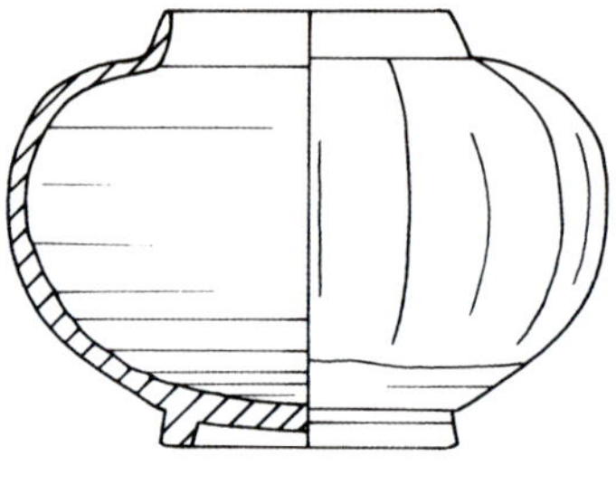

[北宋末·金初] 黑釉凸线纹罐

高11.4厘米、口径7厘米、足径7.4厘米

标本基G4东部匣钵墙西侧③：5

浅口微弧，鼓腹，圈足。口部过渡圆滑，腹部一周等分12道竖凸线纹，半釉，釉色黑褐，釉质莹润。胎质硬，色土黄。直圈足，有修足痕。轮制。

[北宋晚期]　黑釉双系罐

口径7厘米、底径4.9厘米、高7.8厘米

标本东门厅H144：334

直口，直颈，弧肩，鼓腹，矮圈足外撇。颈与肩部饰对称桥形系，其中一系残缺。器内施釉至颈下，器内一层施透明酱釉；器表釉至下腹。通体显轮旋纹。

[北宋晚期]　黑釉星纹碟

口径11厘米、底径4厘米、高2.8厘米

标本东门厅H144：109

斜弧口，斜沿，弧腹，矮圈足，圈足着地面外斜。器内等距黑釉五分连弧装饰，器内满施化妆土，器表施化妆土至腹中部。通体显轮旋纹。

[北宋末·金初] 酱釉碗

高5.5厘米、口径16厘米、足径6.8厘米

标本基G1H30：1

唇口，弧腹，圈足。口沿下有棱，下折形成弧腹，直圈足。器内有一同心圆，底平。釉色酱黑，施釉至圈足，足部无釉。器身釉面有很多棕眼，玻璃质感强。轮制。垫烧。

[北宋晚期]　黑釉弧腹碟

口径11厘米、底径4.2厘米、高3.8厘米

标本东门厅H144：213

斜口，弧腹，矮饼形，圈足不甚规整，器内圜底中部圆凸。黑釉，釉色纯正，是同类器中少见的精品之一。器内满釉，器表施釉至下腹，露胎处显密集轮旋纹。灰白胎。

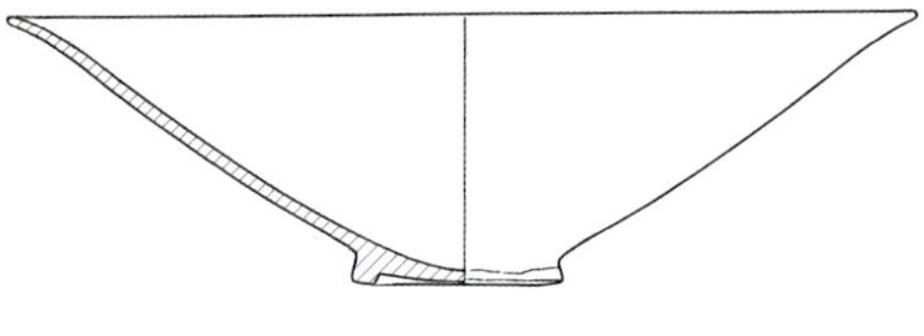

[北宋晚期]　黑釉盏

口径15.1厘米、底径3.6厘米、高4.7厘米

标本东门厅H144：267

斗笠形，胎体薄，做工精细。斜口，沿微折，斜腹，小矮圈足，器内尖圜底。通体施黑釉，釉色纯正，矮圈足无釉，黏结有大量窑沙。通体显轮旋纹。

[北宋晚期]　黑釉盏

口径15厘米、底径3.8厘米、高4.4厘米

标本东门厅H144：331

斗笠形，胎体薄，制作精细。斜口，微折沿，斜腹，饼形圈足，器内尖圜底。釉色纯正，莹润明亮。器表显轮旋纹，不甚清晰。圈足无釉，黏结有大量窑沙。

[宋金时期] 黑釉盏

高4.6厘米、口径11.3厘米、足径3.2厘米

标本基G3中③：10

唇口，斜腹，圈足。口沿略外撇，圈足低，足底刮修。半釉，釉色黑，口沿及部分腹部呈酱色，釉质明亮。胎色灰白。轮制。垫烧。

[北宋晚期]　黑釉盏

高5.3厘米、口径13.3厘米、足径3.2厘米

标本东门厅H146：8

斗笠形，胎体薄，做工精细。斜口，沿微外撇，斜腹，小矮圈足，器内圜底。通体施黑釉，釉色纯正，口沿处釉薄呈酱色，圈足无釉，黏结有大量窑沙。通体显轮旋纹。垫烧。

H144:276

[北宋晚期]　黑釉碟

高3.4厘米、口径11.9厘米、足径4.8厘米

标本东门厅H144：276

唇口，斜弧腹，矮饼形圈足，器内圜底。满釉，器表施釉至下腹，口沿呈兔毫状，釉色明亮纯正。器露胎处有密集旗纹。胎色灰白。

[北宋晚期]　黑釉盏

口径15厘米、底径3.8厘米、高4.4厘米

标本东门厅H144：30

唇口沿微撇，弧腹，矮圈足，器内圜底。黑釉，器内满釉，器表施釉近足根，不甚规整，底面无釉。轮制。垫烧。

[北宋晚期] 黑釉盏

高5.3厘米、口径13.3厘米、足径3.3厘米

标本东门厅H146：9

斗笠形，胎体稍厚，做工精细。唇口，口沿微外撇，斜腹，小矮圈足，器内尖圜底。通体施酱黑釉，口沿处釉薄呈酱色，圈足无釉，黏结有少量窑沙。通体显轮旋纹。垫烧。

[北宋晚期]　黑釉盏

口径11.2厘米、底径4.2厘米、高4.9厘米

标本东门厅H144：212

唇口沿外撇，弧腹，矮饼形圈足外斜，器内同心圆小平底。器表施黑釉至下腹，较规整。胎色灰白。

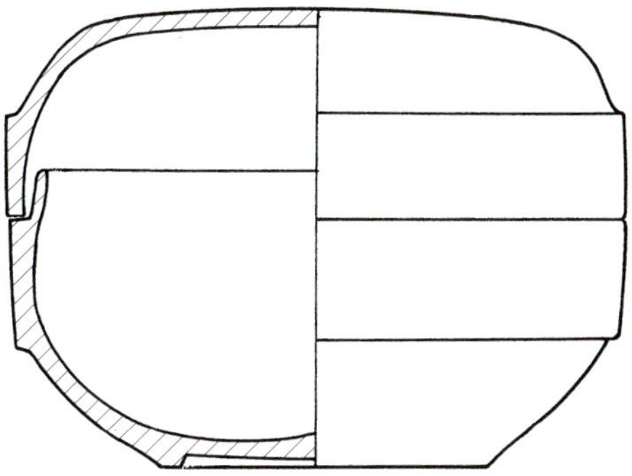

[北宋晚期]　酱釉盒

子口径6.6厘米、母口径7.6厘米、底径3.8厘米、通高5.6厘米

标本东门厅H144：54

盖为母口，直壁，鼓肩，顶面平。器表满施酱（柿叶红）釉，器内母口一周无釉。盒为子口，内敛，直壁，折腹，假圈足。子口及圈足无釉，器内底面无釉。通体显轮旋纹。

[北宋末·金初] 酱釉盏

高4.4厘米、口径12.2厘米、足径3.7厘米

标本基G3北①：3

弧口，唇沿，斜弧腹，矮饼形圈足，器内小圜底。通体施酱（柿叶红）釉，釉色泛黄，器外半釉，圈足无釉，修足痕明显。垫烧。

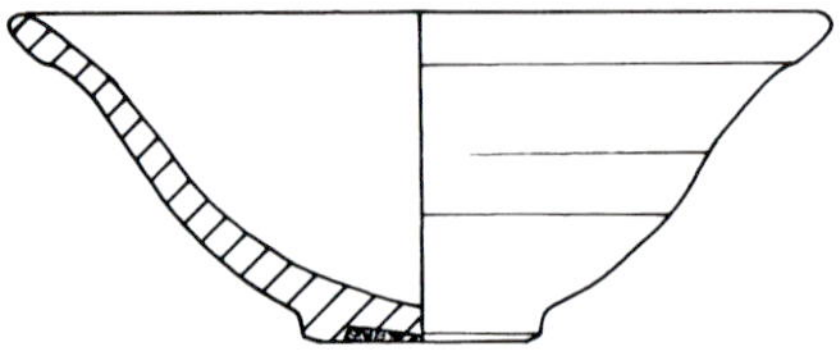

[北宋末·金初] 酱釉盏

高4.8厘米、口径11.9厘米、足径3.3厘米

标本基G4②：15

唇口，斜腹，矮圈足。口沿微折，斜腹至圈足，削足。器内圜底。通身施酱釉，器表施半釉。胎色土灰。

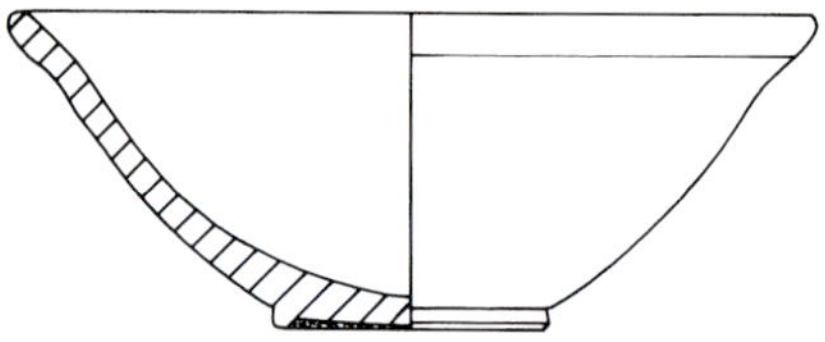

[北宋末·金初]　酱釉盏

高4.4厘米、口径11.1厘米、足径3.2厘米

标本基G4中②：2

弧口，唇沿，弧腹，矮饼形圈足，器内小圜底。通体施酱（柿叶红）釉，釉色纯正，光亮，少有佳品。足沿刮釉。垫烧。

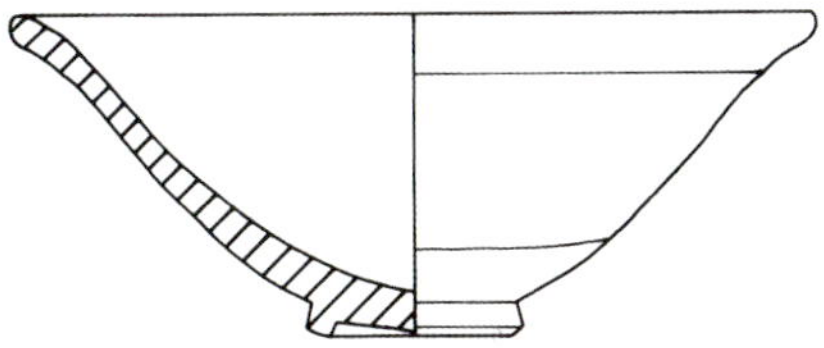

[北宋晚期] 酱釉盏

口径11.2厘米、底径3.2厘米、高5厘米

标本东门厅H144：36

弧口，唇沿，斜腹，矮饼形圈足，器内小圜底。通体施酱（柿叶红）釉，圈足无釉。垫烧。

[元代] 酱釉铭文碗

高6厘米、足径5.5厘米

标本T83③：23

残，仅剩一半。直口，腹上直下折，圈足。器内壁有凸线纹，纹中间阴刻文字，有“仕林”二字，另两字不识。器内有两个不规则圆，圆之间形成四个扇状面，阴刻四个类似鱼的动物。器表刻不规则锯齿纹。器通身施酱釉，釉色泛黑。足底无釉。轮制。垫烧。

[北宋晚期] 三彩枕

长16.5厘米、宽7.5—9.8厘米

标本东门厅H144：292

长方形，束腰。枕的六面分别制作黏合而成，一端残缺，另一端遗留3个较小支钉痕，一侧有一圆形透气孔，孔径0.8厘米。四个枕面分别阴刻一周作栏，中间模印如意开光图案，内部为海水波浪纹，其余模印方格纹。四个枕面分别施绿、酱黄各半釉，一端施酱黄釉，残缺部分应和另一端一致。

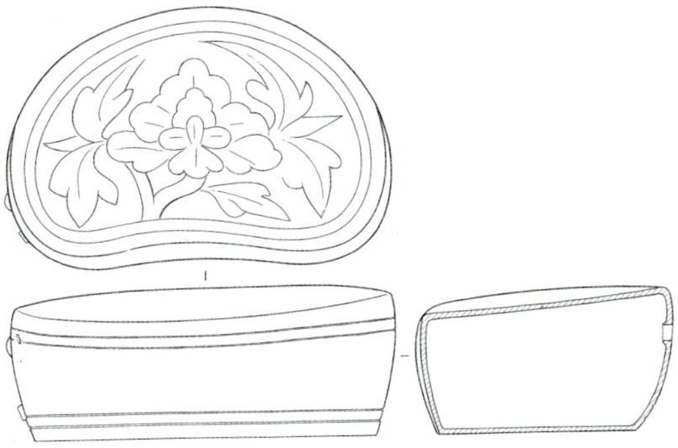

[北宋晚期]　三彩枕

长26.2厘米、宽16.8厘米、高8—9厘米

标本东门厅H144：365

腰圆形。上下分别制作黏合而成，前低后高，枕面近平。枕面周边双勾阴刻作栏，内刻缠枝牡丹纹；枕身上下各饰双勾阴刻作栏，内为素面。枕身后壁上部有一圆形透气孔，孔径0.8厘米。枕面施绿、白、黄三色釉，周边施绿釉，枕身施黄釉，底面无釉。胎色粉红。

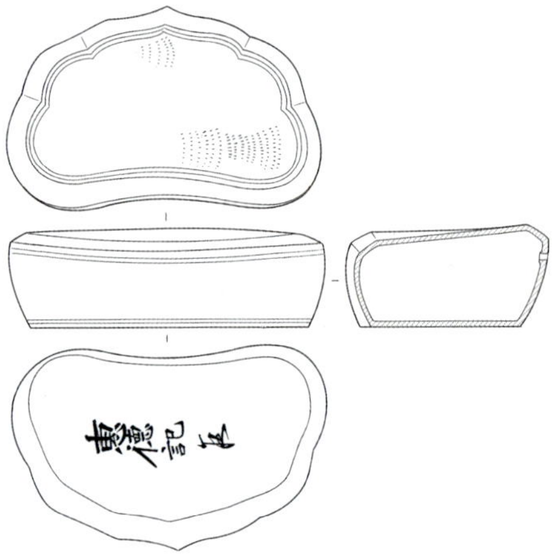

[北宋晚期]　绿釉枕

长30.8厘米、宽18.5厘米、高9.2—10.2厘米

标本东门厅H144：369

整体呈如意形。前低后高，抹边角，似五代以来带箓顶的盒子。枕面周边双勾阴刻作栏，内饰不规则密集锯齿纹；枕身上下各饰双勾阴刻作栏，内为素面。枕背中上部有一圆形透气孔，孔径0.6厘米。通体施绿釉，底面无釉，墨书“惠德记□”四字。胎色粉。

[北宋晚期] 绿釉枕

高10—11.4厘米、长32.5厘米、宽21厘米

标本东门厅H144：293

如意形，器型较大。前低后高。枕面近平微内凹。抹边角。枕面周边双勾阴刻作栏，内刻缠枝牡丹纹；枕身上下各饰双勾阴刻作栏，内为素面。通体施绿釉，底面无釉，墨书“奉福院僧惠德”六字款。枕一端残留2个较大支钉痕。胎色粉黄。

[元代] 孔雀蓝釉炉

高10.8厘米、口径9.4厘米、足径4.3厘米

标本T83H130：7

唇口内折，盘状，高直颈，鼓腹，腹底凹一同心圆。腹上部和口沿处对称两个鼎状耳，高出口沿。底部有3个兽面形足，炉上部施深蓝釉，足部施孔雀蓝釉，器内无釉。器型仿汉鼎式，端庄大气。

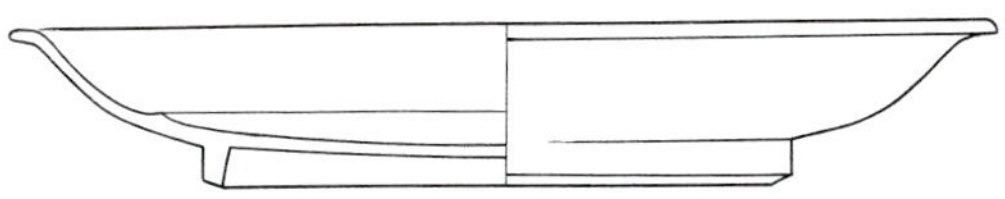

[元代] 孔雀蓝釉盘

高2.3厘米、口径14.7厘米、足径8.5厘米

标本T83H130：6

敞口外撇，斜鼓腹，器内平，大圈足。通身施孔雀蓝釉，足部无釉，圈足有刮削痕。轮制。垫烧。

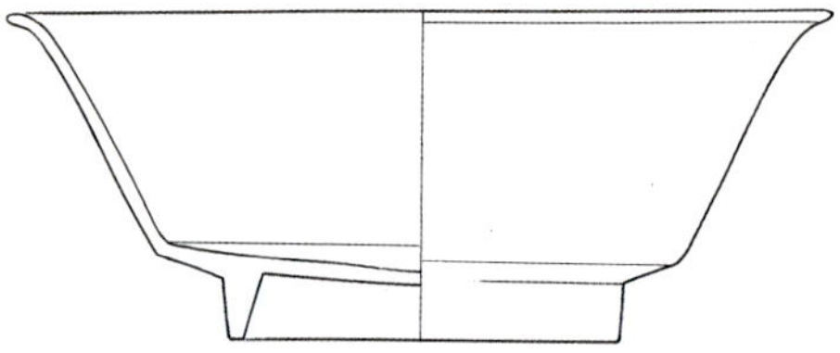

[元代] 孔雀蓝釉小碗

高5.1厘米、口径12.6厘米、足径6厘米

标本T83H130：2

敞口，折沿，斜腹下折，直圈足。器内有一同心圆，平底。器表施孔雀蓝釉，器内施黄釉。足底无釉。轮制。垫烧。

[北宋中晚期] 陶绣墩

高48厘米、面径38厘米、底径40厘米

标本东门厅H144：361

呈鼓形，座面平微凸，底开口，口沿平，弧腹中空，墩圈上下若鼓敷皮呈带状，约10厘米，上部带上均匀分布21个“鼓钉”，下部带上均匀分布19个“鼓钉”；上部紧挨“鼓钉”有4个对称小孔，孔径2.4厘米，最小孔距2厘米；腹部一圈均匀分布4个开光镂空雕6瓣海棠花图案，大花直径14.5厘米，小花直径8.3厘米。灰陶，陶质细腻坚实，表面光滑。实用器。

[北宋末·金初]　龙首构建

残长57厘米、残高32.8厘米

标本东门厅H144

器型硕大，龙形首，大嘴，卷舌，灰质陶。使用贴塑、透雕等工艺。器表有涂银粉痕。形象生动。

[北宋末·金初] 俑首

高7.5厘米、宽5厘米

标本基G4东②：22

素胎，模制而成，有上釉痕。面目慈祥，发式奇特。

[北宋晚期] 俑首

残高5.3厘米、宽3.5厘米

标本东门厅H144：222

面部慈祥，发髻高耸，头部模制，内空。发髻手工制成。尚有白色物，应为上釉未烧。

[北宋时期]　玉手

高3.1厘米、宽3.5厘米、厚1.1厘米

标本基G3南①：1

玉器。握手状，手内似握一物。手背刻划清楚，仅剩三指，拇指和食指被毁。玉质润，色白。

[北宋晚期] 绿釉武士俑

残高4厘米、宽3.5厘米

标本东门厅H144：221

头戴盔，身穿甲，怒目圆睁。釉色绿，胎色土黄。模制。

[北宋晚期]　绿釉僧俑

高6厘米、宽2.5厘米、厚1厘米

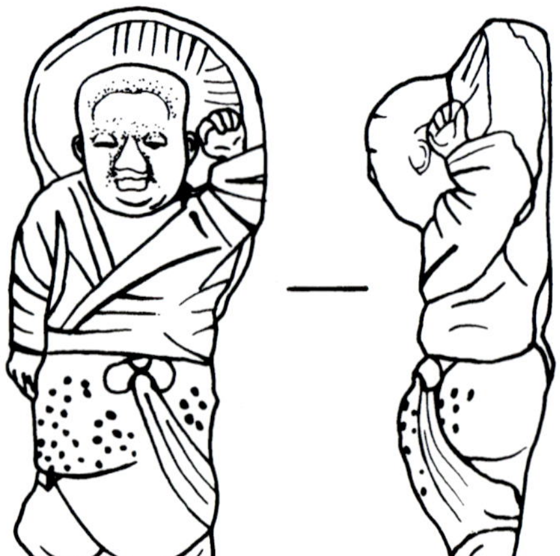

标本G3中现代坑：1

儿童玩具类。大头无发，面带笑容，着汉服。背托一篓，左手拉状，双腿交叉，形象生动。俑通身饰草绿釉，背平露胎，胎色土黄。模制。

[北宋晚期]　三彩蹲狮俑

高8.5厘米、宽5厘米

标本基G4西G1：1

儿童玩具类，残。雄狮蹲坐在一台座上。头面、背饰绿釉，其他部位饰黄釉。造型威武，形象生动。模制。

[北宋晚期] 绿釉五管瓶

残高19厘米、足径7.9厘米

标本东门厅H144：368

残，仅剩两个管。腹部三道凹弦纹，第二、第三道弦纹之间饰斜凸线纹。器身绿釉，底部和圈足无釉。

[北宋晚期] 三彩铭文枕片

标本F7活动层采集

三彩片上刻有一袋，袋面刻牡丹叶纹和“堪”字。袋中刻钱纹，币上有铭文“崇”“重”，推测为“崇宁重宝”。应是枕片，是这一时期所造之枕。

第五部分

最新发现的作坊具、窑具

最新发现的作坊具、窑具

最近几年对汝窑的发掘，出土了大量的作坊具、窑具，几乎占出土遗物总量的五分之一。除出土前期发掘相同的作坊具、窑具外，还出土一批新的器形，如椭圆形匣钵、最大的和最小的圆形、漏斗形匣钵，三叉支烧、『X』形支烧距，小如1元硬币的垫圈支钉，盘头，圆形支具及各种火照插柄等，充分证明汝窑烧造工艺的复杂和多样性。

[北宋晚期]　团花铭文模具

高6.4厘米、长15.8厘米、宽10.5厘米

标本基G2西②：1

残。器身钵状，弧口，厚壁，圜底。器内刻字，仅剩半字。印面底面刻凹弦纹，弦纹内存两组阴刻团状枝叶花纹。胎质细腻。根据形状分析，应是盘类器物内模。

[北宋晚期] 荷花瓣模具

厚2.2厘米、长9.1厘米、宽5.6厘米

标本基G1②：1

鼓面，模具内凹刻荷花瓣式，底面平。胎质细腻、致密，色灰白。应是荷花熏炉花瓣的模具。

[北宋末・金初] 仿青铜器出戟瓶模具

残长11.8厘米、宽8厘米

标本基G1⑤：8

此模具是仿青铜器出戟瓶的模具口、颈部分，从内纹饰来看与素烧器纹饰对应。中部两圈阴刻弦纹和阴刻折纹，其下虽残，也能看出阴刻螭龙纹，无纹饰处光滑，是用细胎料制成。

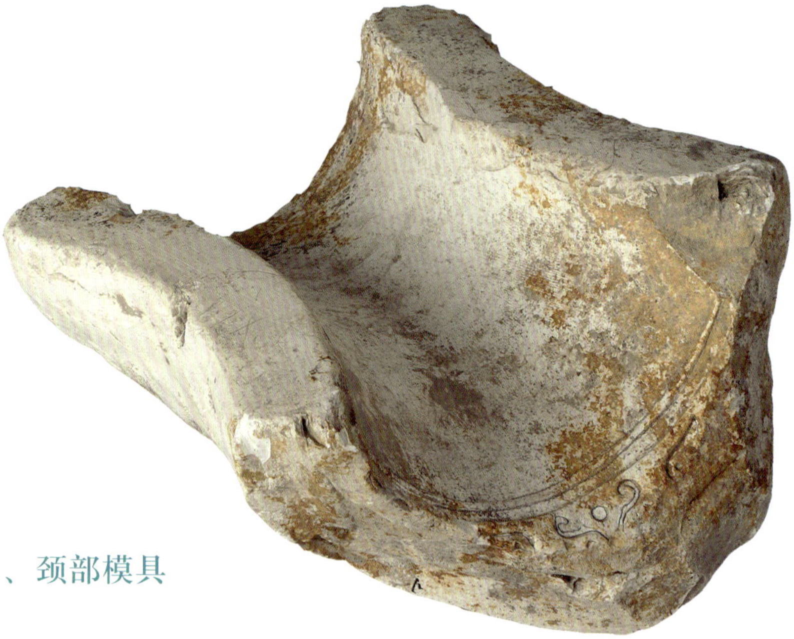

[北宋末·金初] 出戟瓶口、颈部模具

高13厘米、宽9厘米、厚2.5厘米

标本基G1④：7

残。器身外部凹曲，内凹曲弧状，下部刻两道凹弦纹，弦纹下刻虫纹和凹刻夔龙纹。胎质细腻。为素烧出戟瓶的口、颈部。

[北宋末·金初] 模具

长11.8厘米、宽8厘米

标本基G1⑤：3

此器外部粗，内光滑。是素面出戟瓶口部模具。

[北宋晚期]　龙纹模具

残长10厘米、宽9厘米、厚2.2厘米

标本基G4①：1

残。块状，印模上部无纹饰，下部刻鳞状纹。应是熏炉龙身脊部。胎质细腻、光滑。

[北宋晚期]　铭文模具

残长8.7厘米、宽6厘米

标本基G1南门厅

块状，不规则长方体。一面线刻“大(天？)撥（拨）”。胎质细腻。

[北宋晚期]　人首模具

长5.8厘米、宽4厘米、厚1.5厘米

标本东门厅H144：89

模具内凹，刻人首，面部严肃，戴帽。

[北宋晚期]　恭手模具

高5.5厘米、宽6厘米、厚2.2厘米

标本东门厅H144：1

块状，内凹，沿平，内刻恭手状。丰腴，尊贵。

[北宋末·金初]　支钉垫圈

厚0.3厘米、直径3.0厘米

标本北门厅T16H155：3

条状圈上黏合4个支钉，做工较粗。

[北宋末·金初] 支钉垫圈

厚0.3厘米、直径3.0厘米

标本东门厅T16H155：8

规矩的垫圈上放5个支钉。

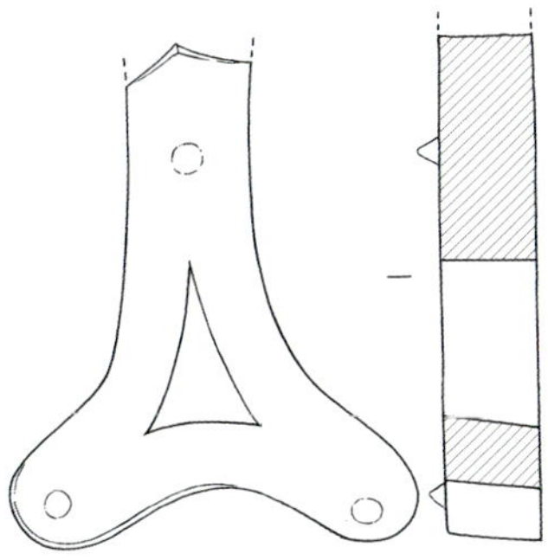

[北宋末·金初] “X”形支烧具

残长13.5厘米、宽5.2厘米

标本东门厅H137：12

“X”状。上手捏5个支钉，用于何种器物，尚待研究。

[北宋末·金初] 长方形支烧具

厚1.6厘米、长12.6厘米、宽5.6厘米

标本北门厅T16H155：7

垫是长方形，四角捏4个支钉。出土量较少。

[北宋晚期]　筒形支烧具

口径8.6厘米、高6.9厘米

标本基G2中③：1

筒形，平口，平底，腹凸弧。有数周弦纹，两端翘。上残存3个支钉，另3个只剩支钉痕，支钉用泥手捏而成。

[北宋末·金初] 三角体支具

标本东门厅H131：17

三角状，三个角端，手捏3个支钉。形体较小，哪种器物使用尚待研究。

[金代] 三叉支烧基

长10.5—13厘米、高2.2—2.5厘米

标本基G3南H18：未编号

呈三叉形，底平，上刀棱作支撑体。手工制作，工艺较粗。其中一件上残留钧釉滴。说明这种支具是用来烧造钧釉瓷器的。

[北宋末·金初]　火照插柄

高18.5厘米、长10.5厘米、宽2.4厘米

标本东门厅H140：5

椭圆形，饼面有两排插孔，一排7个，共计14个插孔，用来插火照。

[北宋末·金初]　瓜子形火照

长4.5厘米、宽2.8厘米

标本T16H155：10

瓜子形，宽部有一小孔。半釉，釉色淡绿，胎灰白。

[北宋末·金初] 作坊具

面径17厘米、底径9.8厘米、高3.5厘米

标本东门厅H137：14

斜弧腹，面平。圈足，足壁较厚。应是晾器物用具。

[北宋末·金初]　窑具

厚2.3厘米、最大直径13.9厘米、最小直径7.0厘米

标本北门厅T16H155：2

面饼状，内凹，饼状底。

[北宋末·金初] 筒形匣钵

高21.6厘米、口径23厘米、底径23厘米

标本东门厅H137：5

直口，直腹，平底。腹上部有数周弦纹，底部有4个小洞，壁上残留耐火泥。拉坯。

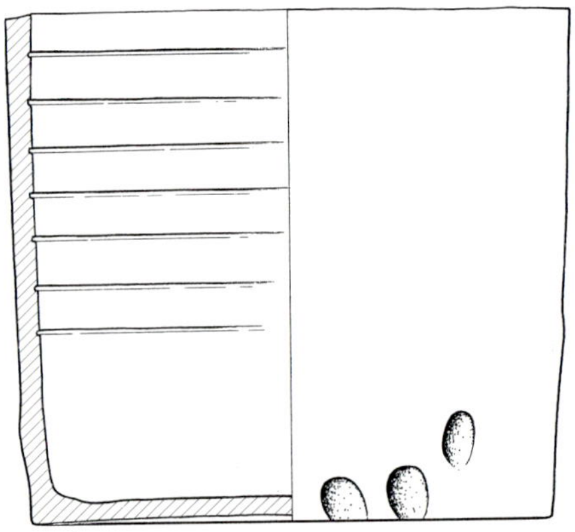

[北宋晚期]　漏斗形匣钵

口径21.5厘米、底径7.5厘米、高13.5厘米

标本东门厅H137：23

直口，器上部直腹，腹上圈弦纹，腹下端收成漏斗状，小平底，涂耐火泥。轮制。

[北宋末·金初]　漏斗形匣钵

口径24.5厘米、底径10.5厘米、高17.2厘米

标本东门厅H137：21

直口，直腹下收，小平底足。腹壁上有数圈弦纹。壁较薄，色土黄。

[北宋末·金初]　椭圆形匣钵

口长32.7厘米、底长35厘米、口宽23.9厘米、底宽23.5厘米、高13.6厘米

标本东门厅H137：20

椭圆形，直口，口沿内敛，斜弧腹，外张。器内外平底，腹部有数圈弦纹。此器应是汝釉水仙盒所用匣钵。轮制。

[北宋末·金初]　椭圆形匣钵

口长33.7厘米、口宽22.7厘米、高13.8厘米、底长32.5厘米、底宽25.7厘米

标本东门厅H137：10

椭圆形，口沿内敛，斜鼓腹。器内外平底，腹部有数圈弦纹，底部有两个小洞，人工而成，便于操作。轮制。

[北宋末・金初]　青釉盏及匣钵

高4.2厘米、足径4.5厘米

标本东门厅H161：1

此器是青釉盏和漏斗形匣钵黏合在一起而成。说明了此类瓷器的烧造工艺。

第六部分　专论

汝窑考古新发现

2011—2016年汝窑的考古发掘首先是配合汝窑遗址展示馆建设而进行的，其次是为了解决前期发掘中存在的布局、边界、文化层的进一步确认、素烧窑炉等问题。6年6次发掘，发掘面积3400余平方米，发现各个时期窑炉、作坊、房、池、灰坑等遗迹220多处，出土遗物数百万计，主要有瓷器、素烧器、陶器、钱币、建筑构件和一定数量的原料、动物骨骼等遗物，很多是新发现。6次发掘丰富了汝窑的文化内涵，为展示馆提供了新的展示内容，取得了重要收获。

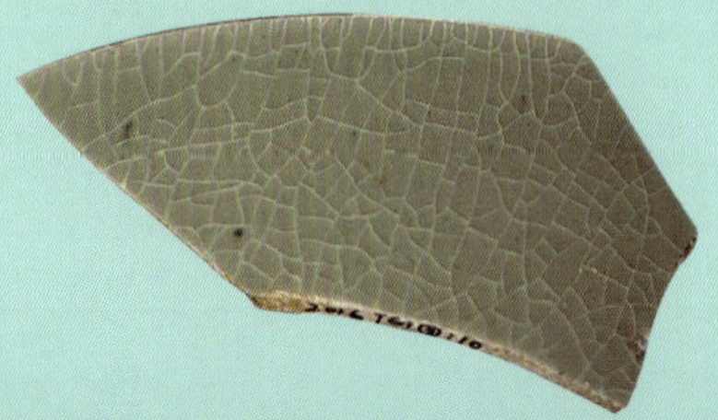

汝窑2011—2016年考古新发现

◎ 赵　宏

一、概况

汝窑的概念分广义和狭义两种，广义上的汝窑是指宋代汝州范围内烧造瓷器的窑场，狭义上的汝窑是指河南宝丰县清凉寺窑址中烧造天青釉汝瓷的窑址区域，即宝丰清凉寺窑Ⅳ区[①]，位于清凉寺村中北部，沿袭传统的习惯叫法。清凉寺窑址考古发掘始于1987年，当年，河南省文物考古研究所第一次对该窑址进行调查和试掘，发现了一批汝瓷器物[②]。之后1988年、1989年、1998年，河南省文物考古研究所又在该区域（Ⅰ区）进行了三次发掘，不但发现了民窑遗迹和瓷器，还发现了不少汝釉瓷片，基本断定：汝窑就在清凉寺[③]。1999—2002年，根据村民提供的线索，河南省文物考古研究所在清凉寺村中北部发掘4次，发现了汝瓷中心烧造区，出土了数以万计的天青釉汝瓷片（件），其中传世汝瓷的器型在出土遗物中都能找到，并发现了几十种传世汝瓷中不见的器型，发掘出烧造汝瓷的制泥设施、窑炉、作坊等重要遗迹，汝窑的千年之谜

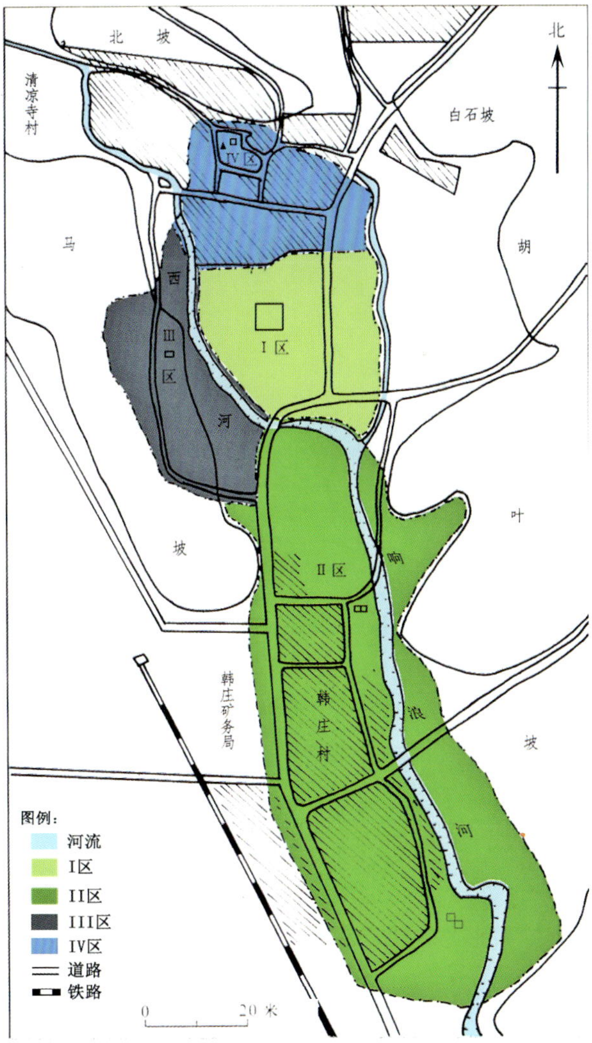

清凉寺窑址分区图

终于被揭开，确认汝窑就在清凉寺村中北部，窑址面积约4800平方米④。

二、2011—2016年汝窑考古发掘

2011—2016年汝窑的考古发掘首先是配合汝窑遗址展示馆建设而进行的，其次是为了解决前期发掘中存在的布局、边界、文化层的进一步确认、素烧窑炉等问题。6年6次发掘，发掘面积3400余平方米，发现各个时期窑炉、作坊、房、池、灰坑等遗迹220多处，出土遗物数百万计，主要有瓷器、素烧器、陶器、钱币、建筑构件和一定数量的原料、动物骨骼等遗物，很多是新发现。6次发掘丰富了汝窑的文化内涵，为展示馆提供了新的展示内容，取得了重要收获。

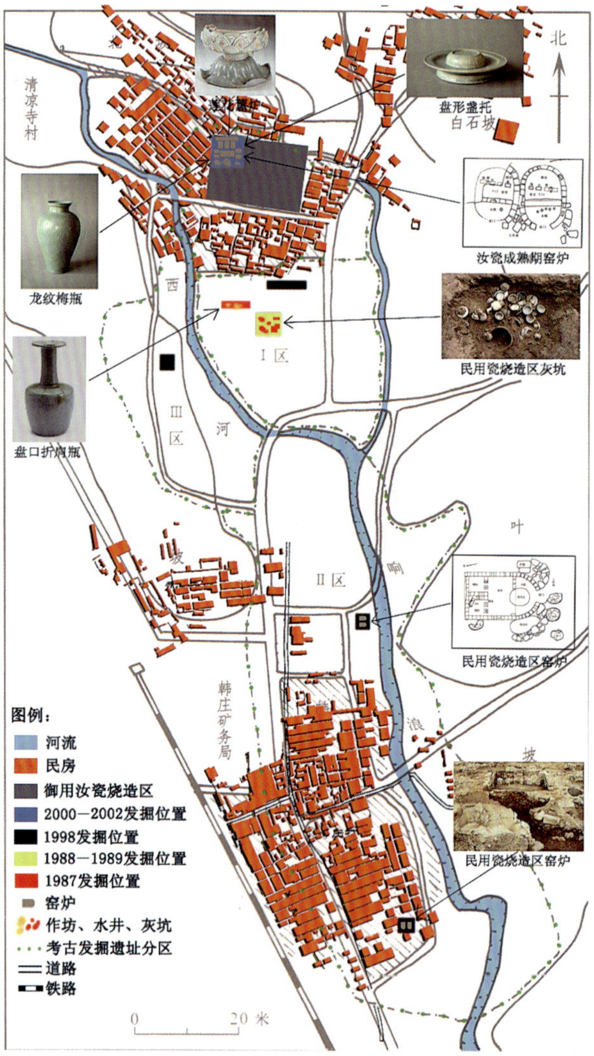

2002年前发掘位置和对应出土汝瓷图

（一）2011年发掘的目的主要是寻找制坯、晾坯、素烧等与汝窑烧造相关的遗迹，确保遗址展示馆建设方案的顺利实施。4—8月对汝窑中心烧造区周围进行保护性发掘。发掘总面积720平方米，发掘汝窑瓷片堆积面积约160平方米，发现与汝窑有关的窑炉1座、作坊1处、澄泥池1个、砖砌六边形遗迹1处、灰坑16个和1块大型玛瑙石等。出土一大批天青釉汝瓷片和素烧器残片，重要的是出土的素烧器残片比前四次发掘的总和还要多，尤其是仿青铜礼器残片和青铜礼器动物雕塑附件、枕等成品器极为罕见。成品器残件中弦纹瓶、罐类器、刻划莲花梅瓶等也是难得的实物标本，窑具中的椭圆形匣钵（水仙盆用）也是首次发现。

（二）2012年9—12月和2013年7月，为配合宝丰清凉寺汝窑遗址展示馆展厅建设，我们对展示馆墙基及南、北、西门厅地基进行了发掘，发掘面积2200平方米，发掘出保存较好的窑炉5座，作坊、建筑基址各1座，过滤池、澄泥池、料坑各1个，水井2眼，灰坑46个。出土瓷片和素烧器残片700余袋。初步统计，其中素烧器多达百万件（片）。

（三）2014年4—10月，为弄清楚宝丰清凉寺汝窑民用瓷和御用瓷的关系和其他汝窑有关问题，考古队在中心烧造区东南，现清凉寺庙大殿以西进行了发掘，发掘面积450平方米，发现窑炉4座、作坊2座、泥池2个、墙基1处、沟1条、井

1眼以及灰坑26个。出土标本400余袋。主要有瓷器、陶器、铁器、钱币等，完整的及可修复的器物157件。

（四）2015年发掘的目的主要还是配合遗址展示馆建设，另有部分有目标的主动发掘。发掘地点为汝窑遗址展示厅内的东门厅地基；南门厅外的T82、T83、T84及汝窑展厅内的T45、T46、T54、T55、T56部分和栈基G2清理等，发掘面积1042平方米（含2011年发掘部分）。发掘出房2座、墙1处、灶3个、灰坑32个。出土了遗物标本200余袋，可复原器物约648（残）件，包括瓷器、陶器、钱币、窑具等。

（五）2016年2月至2017年2月，对展馆内观景台、栈道占压区域基础和北门厅外路基、2号展示厅进行了清理发掘，发掘面积810平方米，发掘出窑炉7座、作坊1座、池1个、灶1个及灰坑15个。出土陶瓷器标本200余袋，完整的及可修复的器物75件，主要有瓷器、陶器、铁器、钱币、窑具和玛瑙石块等。

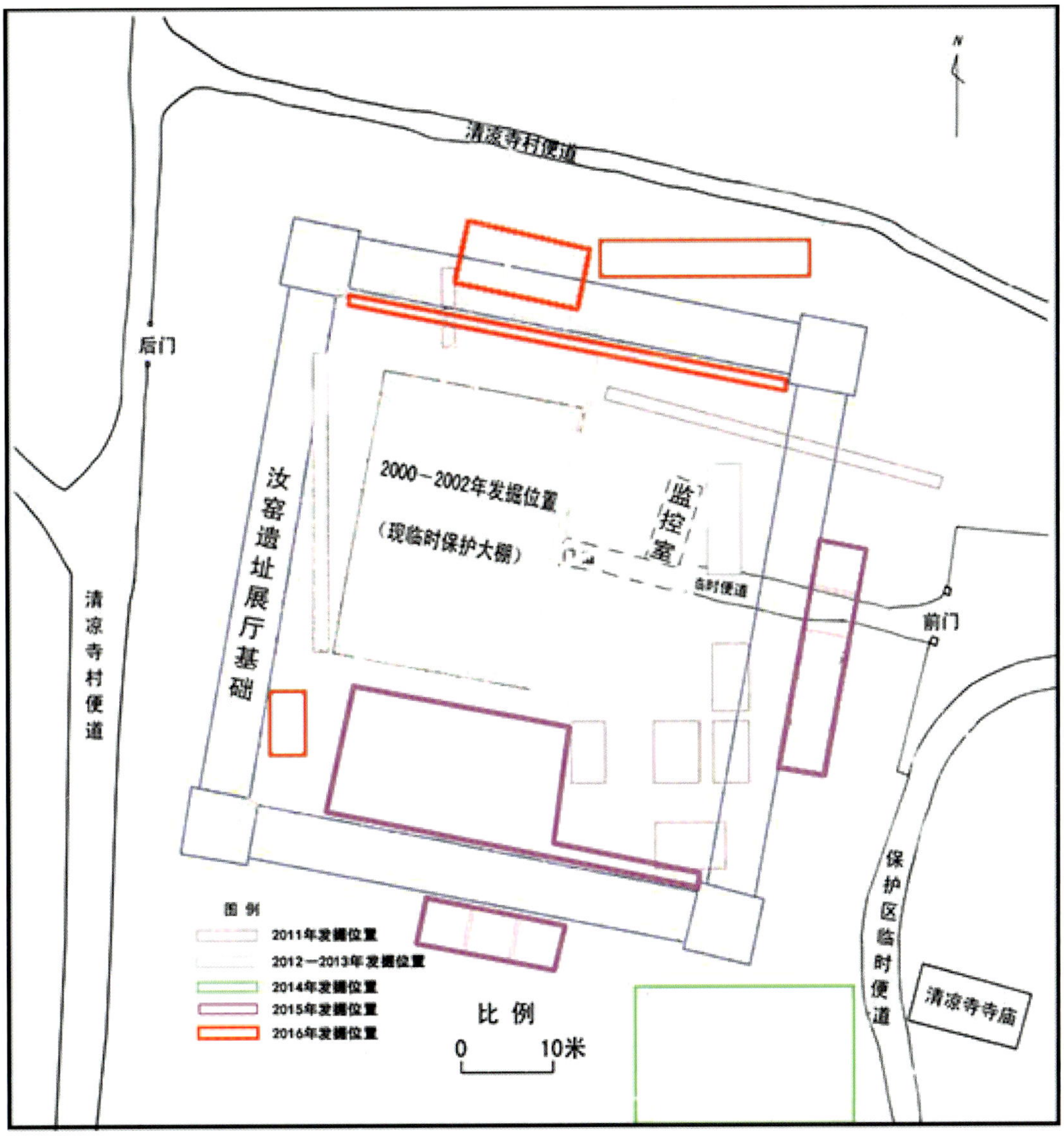

2011—2016年发掘位置图

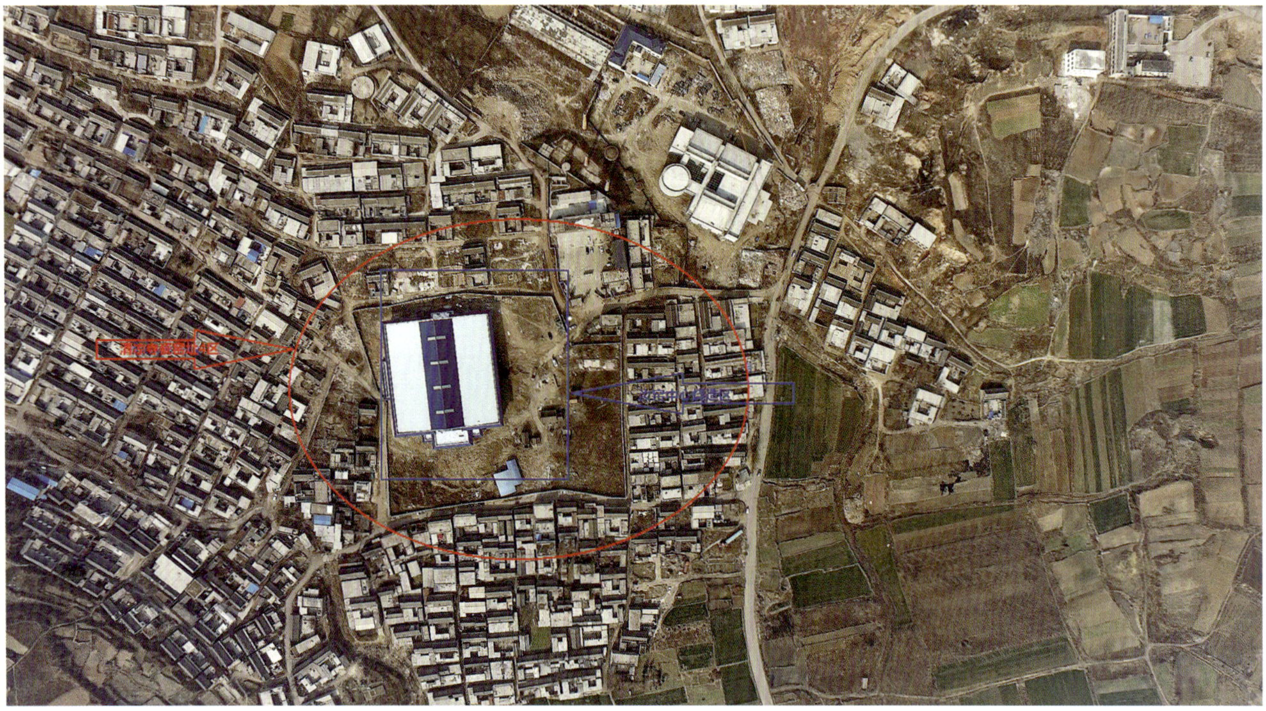

汝窑区域（卫星图片）

三、新发现

汝窑近年考古发掘新发现是相对于前期发现而言的，主要表现在以下几个方面。

（一）大型玛瑙石及其他原料的发现。大型玛瑙石位于中心烧造区西南，T44北部第③层下（元代地层），属于白红花玛瑙，断面红白相间，兼有块状红石，石上残存土黄色皮壳，呈不规则形，长0.70米，宽0.55米，厚0.45米，重约150千克。因展示需要，原地保存。2015年清理栈道柱基时，在位于中心烧造区北部，又发现了几百块加工过的玛瑙石碎块，地层位于第④层下（金代地层）。六角砖砌遗迹位于中心烧造区东北T28中部第③层下（金代地层），呈六角形，平砌砖，残存4层，内有灰迹，周围是倒塌的砖块，砖长28厘米，宽14厘米，厚4厘米，其作用尚待研究。

大型玛瑙石

玛瑙石块

长石（釉料溶剂）

黑石

六角砖砌遗迹

（二）素烧器堆积和大量素烧器物出土。2012年在清理展示馆西墙墙基时，在墙基中南部，发现不少素烧器堆积的地层和灰坑，这些灰坑位于第③层下，灰坑堆积呈斜坡状，内含烧造废料、素烧器和少量瓷器、窑具。瓷器有白釉、汝釉、青釉、白地黑花、褐釉凸线纹、钧釉瓷等。第②层下的灰坑出土了具有明显特征的元代素烧器和青釉带红斑元代碗、盘。这批素烧器堆积集中，出土约400袋，数十万片（件）。除一部分是以往汝瓷常见的器型外，还有大量汝瓷中不常见的器型。器型以碗、盘类为主，出戟瓶类器、荷叶形器盖、板沿洗、长方倭角盘等都是首

素烧灰坑群

素烧器堆积

出土素烧器

素烧出戟瓶

素烧撇足盘

出戟瓶模具及瓶口、颈部

素烧器盖

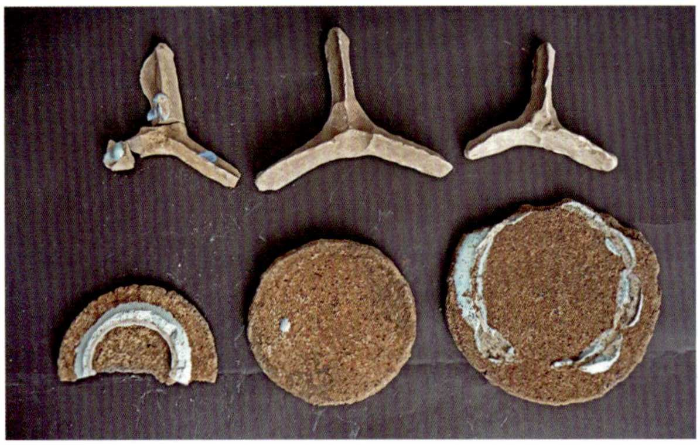

出土三叉支烧、垫饼及钧釉

梅子青瓷片

出土红胎汝瓷

次发现，多为模制，规整大气。此外，还出土少量与汝窑天青、青绿釉不同的青釉瓷标本和三叉支烧、有别于汝窑的垫圈支烧、垫饼等。

（三）素烧窑炉、“类汝瓷”、明代窑炉及其遗物的发现。2014年，在对原保护房东南约50米的清凉寺大殿西的发掘中，发掘出一批烧造遗迹，其中窑炉4座，位于发掘区北部2座，一座位于第④层下，一座位于第②层下。第④层下的窑炉呈椭圆形，烧结程度低，综合分析，其为宋代素烧窑炉。第②层下的破坏严重，未彻底发掘，根据地层应为明代窑炉；南部发掘出的2座窑炉位于第②层（或第③A层下），明代。以Y23为例，平面呈马蹄形，由窑门、火膛、窑室、出烟道、烟囱、窑壁、出渣井、燃料房等部分组成，东西长4.30米，南北宽3.60米。出土遗物较多，主要是黑釉、黄釉、褐釉涩圈底瓷器和匣钵、支顶钵等窑具。同时在窑炉周围还发掘出作坊、泥池、料缸等配套遗迹。素烧窑炉和明代民用瓷器窑炉均是该窑址首次发现。此次发掘在发掘区中北部出土一批青釉瓷器新品种（前期发掘也出土有少量此类青釉瓷片），不仅堆积集中，而且数量多。这些青釉瓷明显继承了汝瓷的器型，有熏炉、瓶、盘、碗等，约占出土遗物总量的95%。其中尤以盘类居多，且器型较大，最大瓷盘的口径为28厘米，汝釉器物中未见。这种青釉瓷釉色类似汝瓷，也为天青、青绿、卵青和月白，但釉面光亮，玻璃质感强，玉质感不及汝釉。胎质细腻坚实，多数胎色灰白，少有香灰胎，烧造工艺也为满釉支烧等，多数开片。发现于第④层（金代地层）下的灰坑和第④层堆积当中，第⑤层则有少量典型汝釉瓷片，不见此类瓷器，从地层关系来看，这种瓷器的烧造年代晚于汝瓷，为了区分两者，我们暂时将此种瓷器定名

素烧窑炉（东南—西北）

明代窑炉

现代盗坑边“类汝瓷”堆积

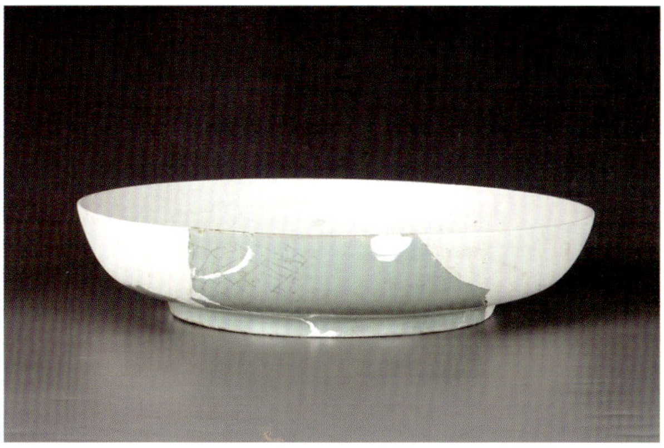

“类汝瓷”盘

“类汝瓷”盘

“类汝瓷”盘片

为“类汝瓷”⑤。

（四）汝窑生活用房的发现和北宋晚期一批精美陶瓷器的出土。2015年年底和2016年年初，对展示馆东门厅地基进行发掘时，在第④层下发现疑似房子废弃堆积（当时认为是第⑤层），且堆积中有不少天青釉汝瓷出土，清理堆积后发掘出一组房基（编号F7），虽部分破坏严重，但其痕迹清楚，砖砌基础，墙角用石作柱基，墙体用土坯，房内和房东北角各有一灶，活动面上有煤灰，不见烧造瓷器材料痕迹，房东墙外有疑似茅厕的缸，种种迹象表明这是一处生活用房。房坐北朝南（方向11°），东西长9米，南北宽6米，距中心烧造区约30米，文化层时代和汝窑烧造同时期，即北宋晚期。生活用房是汝窑发掘以来首次发现。东门厅地基清理出一批精美陶、瓷器，它们大部分存在于一个灰坑（编号H144）内，H144位于发掘区中部，上被H137和F7叠压。出土的瓷器主要有白釉、青釉、黑釉、珍珠地等瓷，陶器主要有三彩、绣墩、插座和建筑材料之脊兽、角兽等。青釉瓷刻刻花梅瓶、提梁瓶、碗、盏和刻花碗、盏、盒等器物，釉色绿中泛黄，画功精湛，器型大气精致，较之同时期同类产品都好；白釉瓷釉色白净，特别是珍珠地梅瓶，画蟾蜍鱼莲纹，画面生动，寓意深刻；黑釉瓷黑亮如镜；几个三彩枕非常漂亮，正面画花卉纹，背面墨书与寺庙有关的铭文；宋代陶绣墩是考古发掘中首次出土，是实用器；建筑构件角兽、脊兽制作精良，器型大气。值得注意的是这次东门厅地基出土素烧器量比较大，器型与2012年发掘出土的素烧器基本相同。H141出土的素烧仿青铜器出戟瓶，位于第④层下，轮制，剔刻纹饰，制作时间应稍早于2012年出土的模制出戟瓶。

生活用房（F7）遗迹

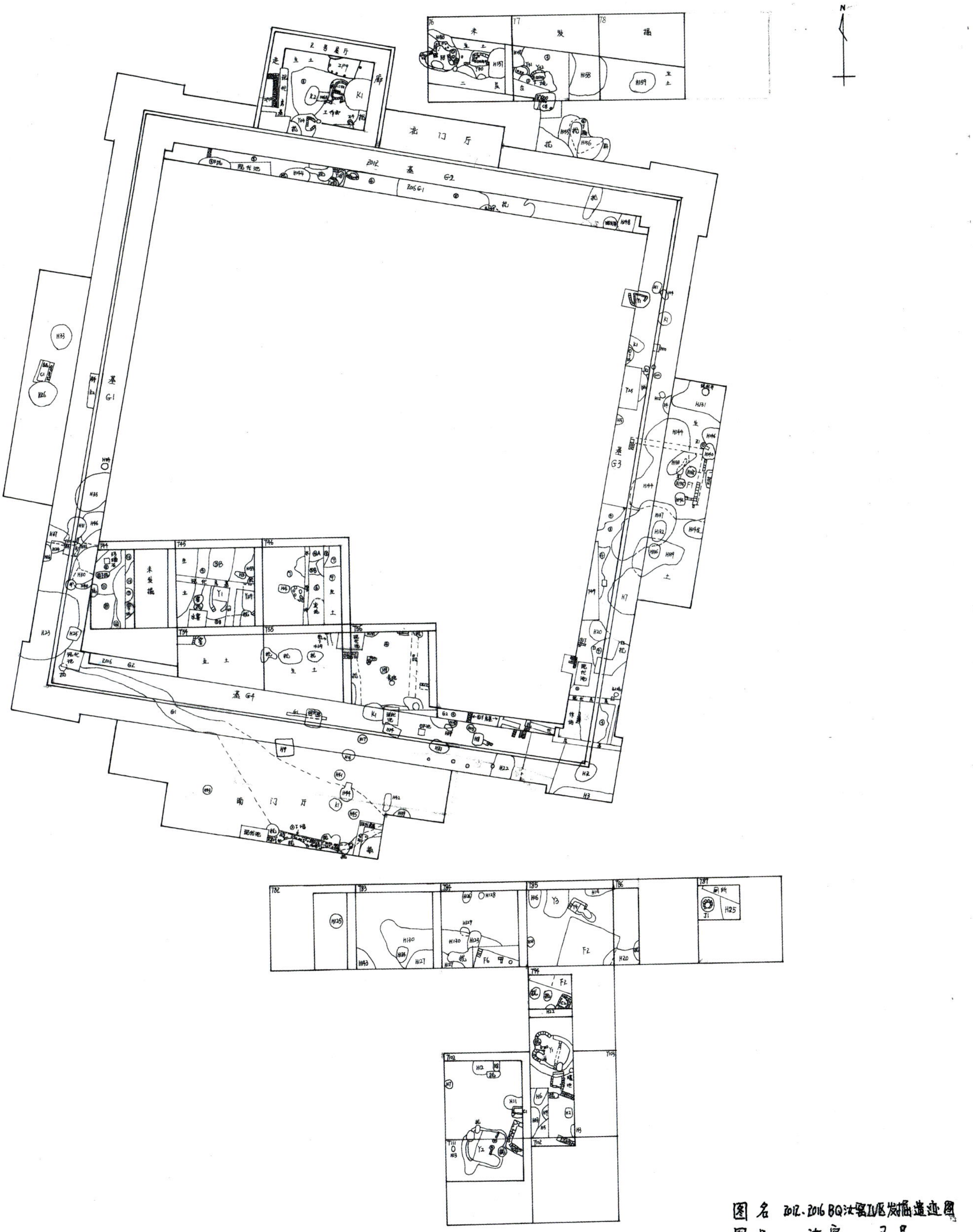

2011–2016年发掘位置及遗迹图

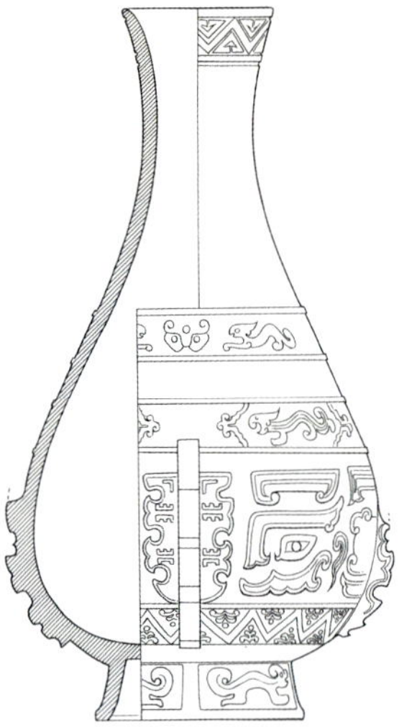

出土素烧仿青铜器出戟瓶

青釉盏、碗

青釉花口钵

白釉五管瓶

青釉刻花执壶

白釉执壶

黑釉斗笠盏

黑釉斗笠盏（背）

青釉划花梅瓶

白釉珍珠地梅瓶

青釉龙纹盘残片

素烧花口水仙盆

涂银陶角兽

青釉刻花器盖

绿釉刻花墨书枕

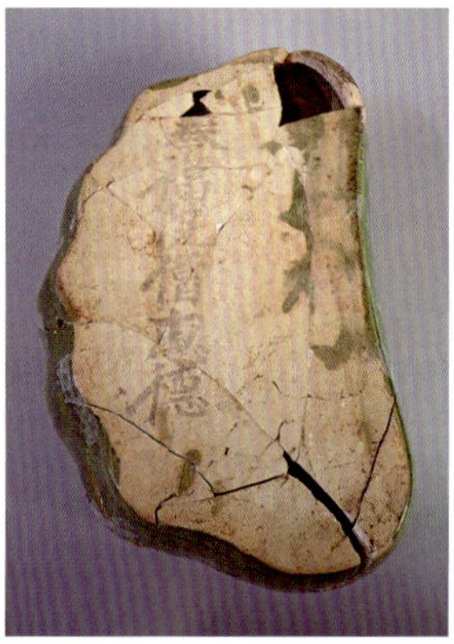

绿釉刻花墨书枕(背)

（五）新发现一批椭圆形窑炉和元明时期坑道。新发现椭圆形窑炉7座，其中单体5座，连体2座，位于中心烧造区北的栈道下、2号展厅内和北门厅外，大部分保存较差。这些窑炉和中心烧造区汝窑成熟器的窑炉有所差别，中心烧造区椭圆形窑炉多是连体，而新发现的窑炉只有1组连体，其他都是单体，后者稍大。单体以Y32为例，位于2号展示厅中部，平面呈椭圆形，由工作面、火门、火膛、窑室、隔火墙、烟囱六部分组成，窑炉一侧被破坏，南北长2.90米，东

北门厅外遗迹

2号展厅内遗迹

椭圆形窑炉

连体椭圆形窑炉（Y29,Y30）

疑似元明煤矿坑道口

汝釉碟

汝釉器盖

汝釉花口盘片

青釉网格纹碗片

西残宽1.28米；窑床有二次修补痕迹，面积不足1平方米。从断面看，烧结程度不高，工作面前有涂耐火泥的匣钵、垫饼等窑具，应是当时使用的窑具。窑的北侧有同时期简易工棚遗迹，窑的东南角有一小灶，另外两座窑炉和Y32相距不到2米，应是一组窑炉。北门厅外又是一组，Y30、Y31是连体窑炉，和中心烧造区连体窑炉结构相同，其周围有作坊、泥池和废釉料堆积坑。值得注意的是Y29的窑壁边出土了1件完整的小洗（破）。北门厅外明代灰坑下，发现1个坑道，打破岩石，深不及底，坑道边有明显的人工开挖的1组脚窝。这里是煤区，明代层内发现大量煤石，综合分析是人们采煤的坑道，极有可能是明代采煤用于生活和烧造瓷器（这是明代窑炉使用煤作为燃料的证据）。

汝釉匣钵

最小支钉垫圈

素烧饰件

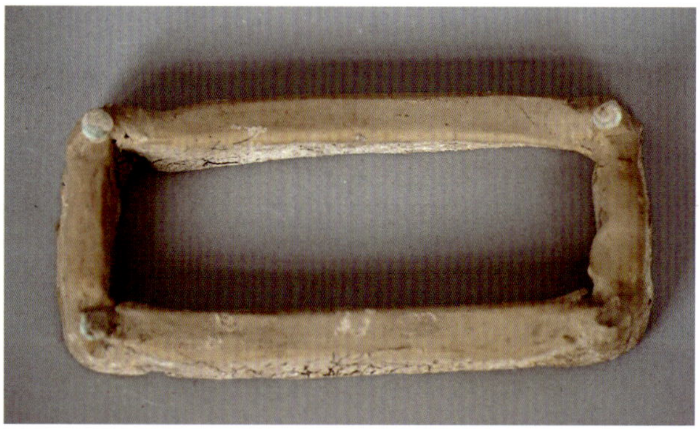

长方支钉垫圈

涂耐火泥匣钵

四、新发现的初步认识

（一）汝釉瓷玛瑙入釉问题。提起汝釉瓷的各种优秀品质，特别是汝釉，人们马上就说汝瓷之所以釉色好，润似玉，是因为釉料内加玛瑙之故。在发现汝窑烧造区以前，大部分人还是通过史料记载，人言我言。史料最早记载汝瓷玛瑙入釉的是南宋周煇《清波杂志》，其卷五云“汝窑宫中禁烧，内有玛瑙末为油（釉），唯供御拣退方许出卖，近尤难得”，随后各时期的史料也附和载之。考古发现汝瓷烧造地出土遗物中，的确在同时代地层中出土了玛瑙石碎块，有的玛瑙石块还被焚烧过，因为焚烧后容易加工，从而也证明烧造汝瓷的釉料中的确使用玛瑙作为添加材料，但其作用和石英一样，非史料记载和人们想象的特殊作用，只是因汝窑窑址附近（窑址东不足1.5千米有玛瑙矿）玛瑙多，且易焚烧，易加工，又因玛瑙属宝石类，入釉显得名贵而已（个人认为）。这次发现的大型玛瑙石位于元代地层下，体型较大，上有加工痕迹。应该是北宋使用，金元时期人们不知是宝，也不用其作为原料，故废弃于此。2015年在清理北栈道柱基时，又清理出数百玛瑙石块，位于宋代地层（汝瓷烧造同时期地层），是加工过的角料，再次证明汝瓷烧造时的确用玛瑙入釉，验证了史料记载。玛瑙石的大量出土和釉料废弃坑的发现，对研究汝瓷烧造材料成分和烧造工艺具有重要意义。

（二）素烧器的烧造年代及用途。1999年至2002年，在汝窑中心区四次发掘中，出土素烧器极少，复原仅3件，出现在第③层、第③B层（汝窑汝瓷的成熟期）和汝窑停烧前作坊的釉料（F1K3）内，在1号作坊(F1)釉料堆积的最下层出土的一枚“政和通宝”（1111—1118年），说明汝窑至少在政和年间还在烧造。2012年出

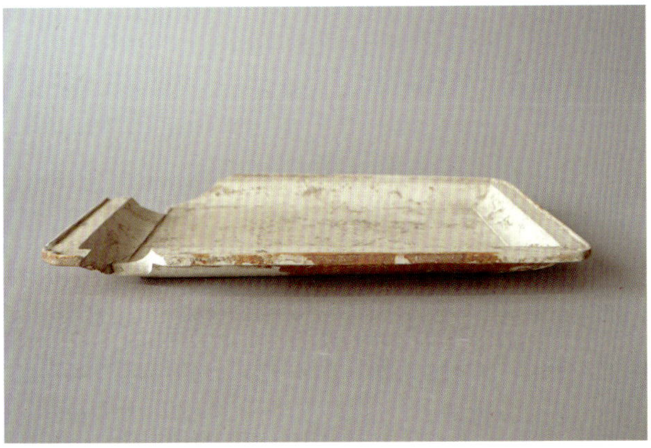

素烧长方倭委角托盘

北宋末、金初素烧出戟瓶颈部

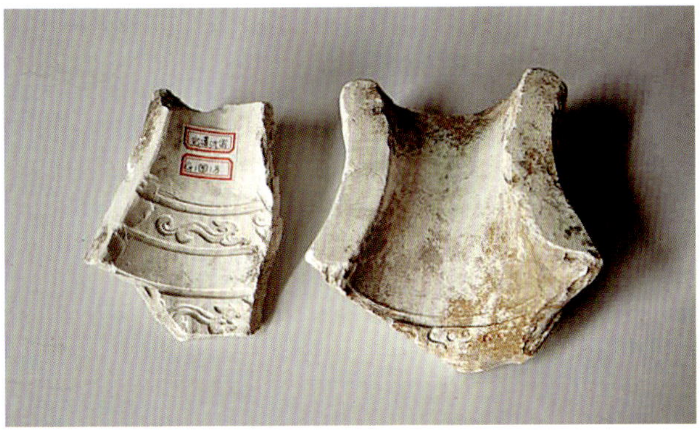

北宋末、金初素烧出戟瓶模具

北宋末汝窑停烧前花口盘

土的素烧器品种繁多，多数汝瓷成品器中不见，但有的完全相同，从器型上看年代一致（北宋末期），如素烧莲花口盘和汝窑停烧前作坊釉料（F1K3）内出土的素烧莲花口盘完全一样，与平顶山叶县文集遗址金代窖藏出土的钧釉莲花口盘形似。不少素烧器的造型与金代汝州东沟窑址[⑥]、禹州刘家门窑址的器物几乎完全一致[⑦]。2012年发掘的灰坑H32坑内和素烧器伴出的白地黑花碗和河北磁县观台窑二期后段[⑧]出土的同类器纹饰一样；黑釉凸线纹罐残片也是金代成熟工艺；2015年汝窑东门厅灰坑H137也出土部分素烧器，仿青铜器出戟瓶是轮制剔刻纹，型制和2012

金代窖藏出土钧釉花口盘

素烧荷花平底盘背部

北宋末汝窑停烧前花口盆

金代窑址出土花口深腹碗

汝州大峪东沟窑出土钧釉葵口碗

金代窖藏出土青釉盘（底）

北宋末、金初“类汝瓷”盘（底）

北宋末、金初素烧盘底部

浙江省博物馆展出的南宋素烧器瓶底部及颈部

汝窑素烧出戟瓶足部（Ⅳ基G1南⑤层）（底）

白地黑花碗 （Ⅳ基G1H32：12）

凸棱罐残片（Ⅳ4基G1H32：13）

年的出戟瓶一样。此灰坑打破F7（汝窑同时期房）说明灰坑形成年代晚于汝窑，那么这类器物烧造也晚于天青釉汝窑烧造期；素烧出戟瓶考古发掘中尚未发现有成品器，私人藏家有成品器及残片，据说出自汝州张公巷窑，但釉色明显不是汝釉。出土的素烧大盘和“类汝瓷”大盘，造型一致，应该是“类汝瓷”的素烧，“类汝瓷”的烧造时间也晚于汝窑的烧造时间；南宋官窑出土的仿青铜瓶类器模具、素烧器与宝丰清凉窑出土的模具、素烧器几乎完全一样[9]。种种迹象和材料表明，这批素烧器的烧造时间不早于北宋末期（徽宗时期），不晚于金代。值得注意的是，2015年发现1片汝釉长方倭角盘残片，说明长方倭角盘有成品器。这批素烧器器型规整大气，纹饰线条优美，多为模制，绝非为一般民用瓷烧制，应该是为烧制官窑瓷器而做，有学者认为代替青铜器作为祭祀用品的说法，证据不足。废弃原因，可能是窑场遇到大的变故而停烧（如金兵入侵、宋室南迁等）。

（三）“类汝瓷”的烧造年代、性质，明代窑炉等遗迹和元明出土遗物的意义。2014年发掘出土的“类汝瓷”从地层上看，位于第④层（金代地层）或第④层下灰坑内，第⑤层（北宋晚期地层）地层内只有少量汝釉瓷和白釉、青釉瓷和三彩器出土，不见“类汝瓷”。所以“类汝瓷”时间上晚于汝釉瓷的烧造时间，但伴随“类汝瓷”同时出土的其他遗物没有明显的金代遗物，浙江考古研究所藏张家地等窑的“低岭头类型”[10]青釉瓷（1131—1141年），越窑遗址发掘张家地窑的标本，无论是釉色还是胎质、胎色都和“类汝瓷”难分伯仲。综合分析，认为“类汝瓷”的烧造时代为北宋末或金代早期。“类汝瓷”器型端庄大方，釉色莹润，模制、满釉支烧，其性质应该是官用。

2014年发掘出窑炉4座，其中北宋末、金初窑炉1座，晚期窑炉3座，比较完整的2座，依据地层和遗物，认为是明代窑炉。出土瓷器主要是生活用碗、盘、臼等，釉色主要是黑、酱、黄，轮制，垫烧，比较粗糙。其性质是民用。新发现为研究2012年素烧器的作用和汝窑、北宋官窑、南宋官窑、张公巷窑提供了重要的实物资料；明

浙江张家地窑青釉瓷和河南汝窑“类汝瓷”

浙江张家地窑青釉瓷和河南汝窑“类汝瓷”

代窑炉及瓷器的发现，丰富了该遗址的烧造内涵，弥补了其烧造历史段的空白，对研究中原地区陶瓷烧造史具有重要意义。

（四）汝窑遗址的范围逐渐清晰。出土的精美青釉瓷器应是贡瓷。通过近几年的发掘，汝窑汝瓷烧造时期的窑场布局和范围逐渐清晰，其西边界应是现在展示馆西墙，南部边界在现展示馆南10—15米，东边界应是现展示馆东墙外5米左右（F7生活用房应是窑场边），北边界在展示馆东北50米、西北10米以内，窑场面积远远大于以前认为的4800平方米。

关于出土精美陶瓷器的灰坑H144的年代，通过对东门厅地基发掘资料的初步整理和对出土遗物的整理修复后认为，原坑的性质是取土坑，用于建造房或者窑炉，后被窑址废弃物和其

他建筑废弃物填充。H144出土2枚北宋钱币，最晚钱币为“元祐通宝”（1086—1094年）；动物骨骼碳14年代测定（北京大学文博学院科保实验室测）为1083—1126年；此灰坑没有发现天青釉汝瓷，又被F7叠压，F7和烧造天青釉汝瓷同时期，房内和房外活动面（Z2边）上出土的钱币分别是“崇宁重宝”（1102—1106年）和“政和通宝”（1111—1118年），故H144的形成年代上限为1086年。H144出土的青釉刻花器盖和汝窑烧造期出土的同类器盖一样[11]。综合分析，其时代应为北宋1086—1102年之间。在打破F7活动面的灰坑H131出土一串29枚钱币，最晚1枚为“绍兴元宝”（1131—1162年），说明F7的废弃时间上限为1131年（结合文献资料，是否可以认为金兵

东门厅F7墙外灶两边钱币

钱币“政和通宝”（F7墙角外Z2：11）

钱币“崇宁通宝”（F7废弃层：1）

入侵导致人为废弃而不留与金？），这种迹象说明烧造天青釉汝瓷的时间是在徽宗时期的20多年是正确的。H144出土的青釉剔刻花、刻花、印花的瓶、碗、盘、盒等器物在釉色、胎体、器型诸方面，明显优于清凉寺窑址民窑区、汝州严河店、大峪东沟及邓窑、耀州窑等窑址同时期同类器物的质量。这批瓷器极有可能是汝窑御贡时期的产品，明王雄修、承天贵纂《汝州志》载有“汝窑创始无考……元至元间，以定器有芒不堪用，遂命汝州造青窑器，最美”（元至元间，应该是指神宗的元丰元年（1078）、哲宗的元祐元年（1086）或元符元年（1098）其中的“二元”）。和这批瓷器同时出土的三彩枕也非常漂亮规整，值得注意的是其中三个枕上都有与寺庙有关的墨书，“奉福院僧惠德”“僧惠德□”“僧惠玉□”，说明这些枕是寺庙高僧所用之物。另外，出土的脊兽、角兽非常大。灰陶，陶质细腻，制作精良，角兽表面还涂有银粉（残存痕迹明显），有关专家认为此种建筑构件多为官府建筑或者大型寺庙大殿所用，如此来看，汝窑所在位置在宋代晚期以前有较大规模的寺院或官府建筑是可能的。总之，这批精美陶瓷器的出土为对

钱币“元祐通宝”（H144：286）

铭文三彩枕片（F7活动面出土）

汝窑出土刻剔花盖碗

青釉剔划花执壶（汝窑）

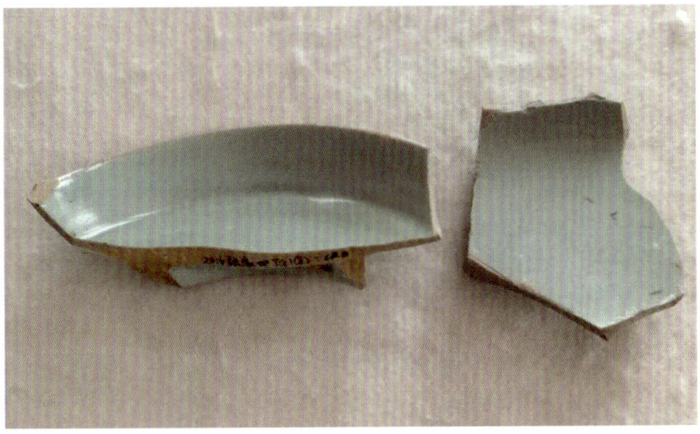

浙江张家地窑青釉瓷、河南汝窑“类汝瓷”

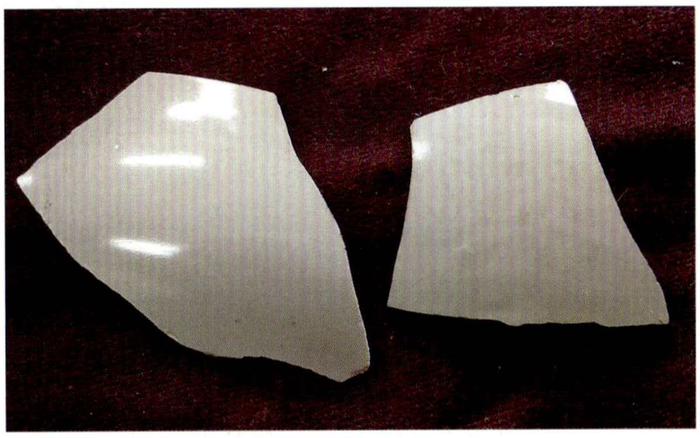

汝窑“类汝瓷”和越窑遗址马家窑“低岭头类型”

汝釉长方倭角盘片

汝釉长方倭角盘片（背）

汝窑、北宋官窑、张公巷窑等窑址的研究提供了实物资料，丰富了汝窑的研究内涵。

（五）新发现的椭圆形窑炉及遗迹自成一体，应是烧造新的青釉瓷品种的窑场。从地层上看，新发现的窑炉、作坊、废弃釉料坑等遗迹，略晚于中心烧造区（1999—2002年发掘区）遗迹，Y33打破H164内有匣钵和汝釉残片，Y29窑壁边有汝釉小碟，间接说明时期略晚；中心烧造区的成熟期窑炉和创烧器窑炉存在打破关系，新发现的窑炉没有打破关系；后者也是椭圆形窑

Y33打破H164(左边为H164)

Y29炉壁边出土汝釉碟

T16H155出土青釉盏

“类汝瓷”开片

炉，有单体和连体，所用匣钵也外壁涂耐火泥，燃料同样是柴，不同的是窑前未见废弃瓷片堆积，是否是新的窑场要求，残次品不随意堆放而集中堆放掩埋，有待于下步发掘发现和研究。种种迹象表明，它们既有传承关系，又有所创新。值得注意的是，出土的瓷器胎薄釉薄，体轻，釉面玻璃质感强。釉料废弃坑中出土的青釉花口盘残片开片和“类汝瓷”有的器物开片一致，是网格纹（出土量不多），龙泉地区小梅窑这种开片叫“哈密瓜纹”；从出土的素烧饰件（初次发现）看，烧制的东西非常精美。综上所述，这批窑炉继承汝窑，烧造新的官用青釉瓷品种，是不是“类汝瓷”的烧造窑炉，还缺少直接证据，仍需继续研究和发掘。这批窑炉的发现，丰富了汝窑的研究内涵，为汝窑的深入研究提供了新的资料。新发现的明代焚烧坑和元明时期疑似煤矿坑道，为该遗址煤炭的运用研究提出了新的课题。

注释：

①⑪《宝丰清凉寺汝窑》，大象出版社，2008年9月。

②《宝丰清凉寺汝窑址的调查与试掘》，《文物》1989年第11期。

③《宝丰清凉寺汝窑址第二、三次发掘简报》，《华夏考古》1992年第3期。

④河南省文物考古研究院：《宝丰清凉寺汝窑址2000年发掘简报》，《文物》2001年第11期。

⑤赵宏、郭木森、王团乐：《河南宝丰清凉寺汝窑发掘再获重要发现》，《中国文物报》2014年11月25日第八版。

⑥河南省文物考古研究院：《河南汝州市东沟瓷窑址发掘简报》，《华夏考古》2009年第2期。

⑦秦大树、赵文军：《河南省禹州市神垕镇刘家门钧瓷遗址发掘简报》，《文物》2002年第11期。

⑧北京大学文博学院、河北省文物考古研究所：《观台磁州窑址》，文物出版社，1997年。

⑨邓禾颖：《南宋官窑》，浙江摄影出版社，2009年9月。

⑩金志伟、陈沪庆：《“低岭头官窑型”产品的研讨》，《2005上海国际古陶瓷科学技术论文集》，上海科学文献出版社，2005年9月。

清凉寺汝窑考古新发现及初步认识

◎ 郭木森

近年来，宝丰清凉寺汝窑的考古新发现颇受人们关注。本文现着重就窑址概述、汝窑烧造区的新发现、新发现与汝窑中心烧造区器型的异同、汝窑汝瓷的烧造年代、从考古地层和出土遗物看汝窑新发现的烧造年代五个部分做简要介绍，供大家研究参考。

一、窑址概述

第一阶段（1987—1998年）：清凉寺窑的试掘与汝窑的发现 。

第二阶段（1999—2002年）：汝窑的勘探、试掘和正式发掘 。

第三阶段（2012—2016年）：配合汝窑展厅建设6次发掘。

窑址占地面积近100万平方米，依据地形地貌我们将该窑址划分为四个区，第Ⅰ、第Ⅱ、第Ⅲ烧造区为民用瓷烧造区，汝窑烧造区位于第Ⅳ烧造区的西北部，面积约4800平方米。

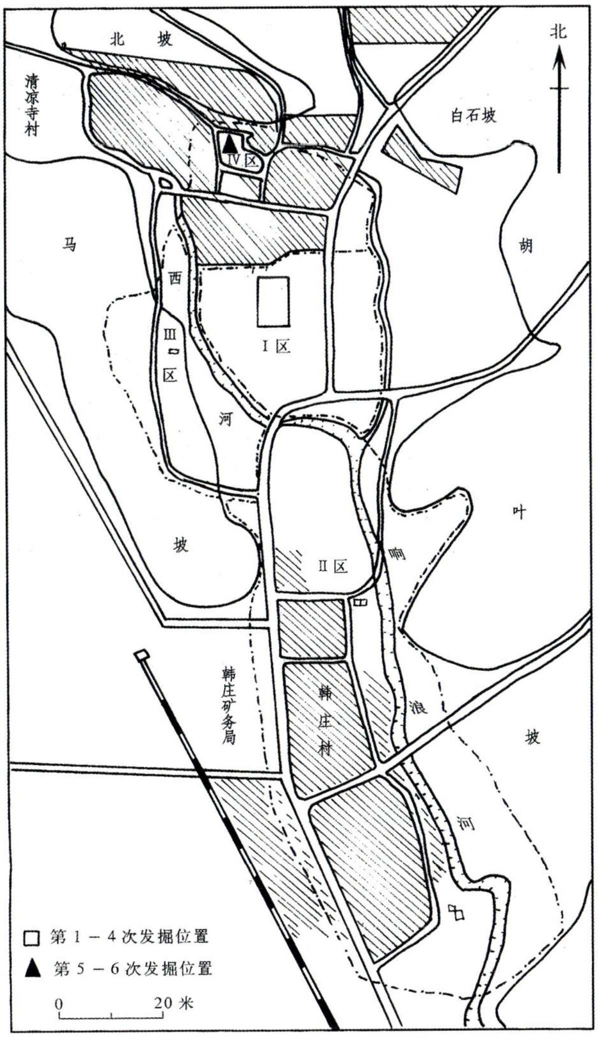

宝丰清凉寺汝窑址分区图

长久以来，陶瓷界对汝瓷有两种不同的看

素烧器

“类汝瓷”

法。一种看法认为，汝州、宝丰一带北宋至金代的青釉瓷统称为汝瓷；另一种看法认为，只有天青釉是汝瓷。下面先就此问题谈谈我个人的看法，不妥之处敬请同行批评指正。

为了将汝窑汝瓷与其他青瓷进行区别，遵循考古惯例，结合文献记载，我们将宝丰清凉寺窑址划分为两个部分，一部分是清凉寺汝窑，另一部分是汝窑烧造区以外烧制的青瓷、白瓷、钧瓷、黑瓷、白地黑花、白釉珍珠地和三彩等产品。

二、汝窑烧造区的新发现

2012年至2015年，为配合汝窑遗址中心烧造区展厅建设，河南省文物考古研究院先后对汝窑中心烧造区外围进行了6次发掘，共发掘面积近2000平方米。已发掘的主要遗迹有窑炉、作坊、过滤池、澄泥池、水井和灰坑等。出土了一大批素烧器，与以往发掘不同的是素烧器占90%以上，成品器不足10%。值得注意的是，这些素烧器不少器型在御用汝瓷成品器中未见。除此之外，还发现了一些“类汝窑”青瓷和明代窑炉，进一步丰富了清凉寺窑、清凉寺汝窑的研究内涵。

三、新发现与汝窑中心烧造区器型的异同

汝窑中心烧造区出土遗物以成品器为主，占99%以上，素烧器占不足1%，这些少量素烧器多出现在金、元地层和灰坑内，极个别出现在汝窑停烧前的作坊内。这些器型在汝窑的成品器中未见，且流行于金代。因此，我们认为这些器型极有可能是汝窑停烧前的作品。

近年来，在汝窑中心烧造区西南部小范围内出土素烧器达10万余件（片），这些素烧器与汝窑中心烧造区出土的成品器能完全对上号的极少。例如汝瓷成品器中最常见的器型裹足洗、盘口折肩瓶、套盒、熏炉和梅瓶等，在这批素烧器中未见或极少见。值得一提的是，素烧器中数量

最多的大型盘类器、四方倭角盘等在汝窑的成品器中未见。相反的是，部分素烧盘与“类汝瓷”盘的形制完全一致，与汝州张公巷窑和金代窖藏出土的同类器接近。

四、汝窑汝瓷的烧造年代

在清凉寺窑址发掘之前，故宫博物院陈万里先生在《汝窑的我见》一文中，推断汝州烧制宫廷用瓷的时间是哲宗元祐元年（1086）至徽宗崇宁五年（1106）的20年间。汝窑遗址发现后，叶喆民先生依据文献记载及大营镇历史的沿革，认为汝窑的鼎盛时期在宋哲宗元祐元年（1086）至徽宗宣和六年（1124），即哲宗、徽宗时期。李辉柄先生提出汝窑就是官窑，烧造历史大约始于政和元年至北宋宣和六年（即1124年），其间仅有14年时间。根据汝窑考古发掘的地层和遗迹的相互叠压关系，汝窑的生产时间可分为两个阶段：第一阶段，以青绿釉刻画花为主，满釉支烧的不多，支点较大，呈不规则圆形。这一时期地层和窑炉内出土最多、最晚的钱币是“元丰通宝”，证明汝窑的创烧时间不早于宋神宗元丰年间。第二阶段，依据汝窑停烧前的作坊内出土的一枚“政和通宝”钱币，可知汝窑在宋徽宗政和年间还在烧造。由此可推定，汝窑的停烧时间已经到了北宋末年。

明代窑炉

五、从考古地层和出土遗物看汝窑新发现的烧造年代

近年来，为配合汝窑遗址展示馆展厅建设，我们先后对汝窑中心烧造区外围进行了6次考古发掘，大量素烧器和“类汝瓷”青瓷是本次考古发掘的重要收获之一，尤其是较多仿商周青铜礼器的出土，引起了学术界的关注。关于它的年代是北宋还是金代说法不一，本人就此谈谈自己的看法，仅供大家研究参考。

（一）素烧器

1999年至2002年，汝窑中心烧造区先后4次发掘，面积近1000平方米。出土素烧器极少，可复原的仅3件，器型是花口盆、花口盘和板沿洗，分别出现在汝窑汝瓷的成熟期地层和汝窑停烧前作坊的釉料坑内，由此表明在汝窑停烧之前已经开始采用二次烧成的新工艺。就现有的材料看，汝窑的初期阶段还没有二次烧成工艺。

本次在汝窑中心烧造区西南部发掘了一个保存非常完好的灰坑（H32），坑内出土素烧器近8万件（片），其中80%以上的器型在御用汝瓷成品器中未见。器型有仿商周青铜装饰出戟瓶、四方倭角盘和有别于汝窑成品器中的各种碗、盘类器等。

素烧出戟瓶出土数量较多，考古发掘中尚未发现有成品器，近年来，在收藏界中发现不少同类标本，且皆出自汝州。过去陶瓷界认为这些素烧器是专为祭祀所用，没有施釉成品器，现在看来这个问题值得进一步研究。就现有收藏界这些成品器标本看，它的胎、釉与汝窑汝瓷有着明显差异，可以初步认为它不是北宋时期汝窑的产品。

南宋官窑出土的仿青铜瓶类器模具、素烧器与宝丰清凉寺汝窑出土的模具、素烧器几乎完全一样，就现有的材料看，清凉寺汝窑出土的仿青铜素烧器不会早于北宋末年。至于刚才提到的成品器问题，目前还没有确切的考古证据，如果确实存在的话，那就是另外一个问题了，年代可能要晚到金代以后。

清凉寺汝窑烧造区出土出戟瓶残片，与南宋官窑同类产品，虽然器型有所差异，但它们的制作工艺和装饰手法完全一致，表明它们之间存

清凉寺汝窑烧造区H32 出土的素烧

“类汝瓷”青釉盘

在着继承或借鉴的关系。

（二）“类汝瓷”

所谓“类汝瓷”，是因为它具有汝窑汝瓷的因素，也有汝州张公巷窑青瓷的某些特点，因出现在汝窑烧造区，发掘者暂定其为“类汝瓷”。“类汝瓷”的器型以各种盘类器为主，碗类器不多。胎色灰白，质密坚实，釉面玻璃质感较强。釉色以青绿釉为主，与张公巷窑青绿釉有一定的差别，接近月白、卵青的不多，与张公巷窑同类标本釉色近似。这种釉的出现可能与烧制温度有关，有待进一步研究。

天青釉汝瓷，胎色灰，质地较疏松。“类汝瓷”胎为灰白色，质密坚实，并且它的烧成温度也略高于天青釉汝瓷。

综上所述，这批素烧器中最早的可以到北宋末年，与御用汝瓷有关，最晚的到元代，尚未发

宋神宗“元丰通宝”

宋神宗“元丰通宝”

宋徽宗“政和通宝”

汝窑烧造区出土汝瓷与“类汝瓷”残片

现有可靠的北宋时期地层堆积。因此，我个人认为，这批仿青铜素烧礼器和绝大多数与汝瓷无关的素烧器都是金代以后的产品，但也不排除这里面包含有一定数量是汝窑和汝窑停烧前的产品。从现有的考古地层叠压关系看，本次发掘出土的少量“类汝瓷”青瓷标本，年代晚于汝窑无疑。器物的造型、装饰以及烧成工艺都非常考究，与汝窑汝瓷存在着较大差异，这些器物为谁而烧制？是市场的需求，还是官窑的性质？这些问题都有待进一步发现、研究。

从现有的考古材料看，有一点是清楚的：这些素烧器的年代不晚于北宋末年，与汝窑的停烧时间是一致的。因此，我个人认为汝窑可分为三个阶段：第一阶段为创烧时期；第二阶段为成熟时期，即贡御阶段；第三阶段为官窑时期。这批素烧器可能就是北宋官窑的一部分，只是我们现在无法区别汝器与官器罢了。至于所谓的“类汝瓷”，因其器型、釉色、胎质以及烧造工艺与汝瓷差异较大，我认为它与汝窑汝瓷没有直接关系，烧造时间不早于金代。

后　记

由于汝窑在中国乃至世界陶瓷史上的特殊历史地位，汝窑的考古发掘和汝窑的出土遗物历来会引起各界人士的重视，每次发掘，每次新的发现都会引来陶瓷界和其它学术界的关注。在2002年以前的发掘基础上，2011—2016年，河南省文物考古研究院汝窑考古队，又对汝窑进行了6次发掘，每次发掘都有新的发现。在此期间，故宫博物院耿宝昌先生、王莉英先生、吕成龙先生、王光尧等专家；北京大学文博学院秦大树教授；上海博物馆的汪克伦副馆长；浙江省文物考古研究所郑建明研究员等陶瓷界人士一次或数次来到考古工地指导、考察，对汝窑的考古工作和尽早出成果提出了想法要求，并希望吧出土的精美瓷器以报告或者图录形式看快出版，以飨广大艺术爱好者，加强对汝窑的深入研究。2011—2015年汝窑考古发掘领队，河南省文物考古研究院原院长孙新民研究员、郭木森副研究员，无数次来工地指导工作并就资料整理、遗物修复和出版图录给予策划和指导；我院院长刘海旺研究员、副院长魏兴涛研究员、2016年汝窑考古领队赵文军研究员也多次来工地检查指导工作，工作人员白宜郑为发掘作出了贡献；在发掘期间还得到了宝丰县人民政府，宝丰县文物局领导的大力支持，深表谢意。

在出土文物修复期间，首都博物馆瓷器修复专家吕淑玲研究员，亲自给予指导和修复，深表谢意。

参加发掘和资料整理的工作人员赵宏、郭木森和技术工人王团结、薄毛旦、赵军领、牛曾近、李芳冰、邱红涵、余红强、沈亮、李晓兵、赵斌等为此付出了心血，做出了很大贡献。河南省文物考古研究院技术室聂凡、任萧多次拍照、鲁红卫对出土器物进行了精确绘图。有了大家的不懈努力，图录才得以付梓出版，表示感谢。

河南省文物考古研究院办公室、第三研究室、科技考古室、技术室、财务室等部门对项目的开展给予了很大支持，在此谨致以诚挚谢意！

编者

2017年9月